富と幸福の探し方

ACRES OF DIAMONDS

◆著◆ ラッセル・ハーマン・コンウェル
◆訳◆ 関岡 孝平

あなたは、すでに、その場所で、
莫大なお金や成功をつかむチャンスを手にしています。
ただそれに気づいていないだけなのです。

この話は「富と幸福」を手にする方法を教えてくれます。

訳者まえがき

本書はアメリカの啓蒙家ラッセル・H・コンウェル（1843〜1925）が全米各地で6000回以上にわたって行った名講演を採録したものです。

講演回数としては世界記録とも言われ、それだけ人びとに感銘を与えたことがうかがわれます。アメリカにおけるこの講演に対する評価は高く、今でも数多くの出版社から出版されています。

著者のコンウェルはアメリカのテンプル大学の創設者として知られ、弁護士、さらにはバプテスト派の牧師としても活躍した人です。

イェール大学在学中の19歳のときに南北戦争が勃発、コンウェルは自ら志願して従軍し、指揮官として活躍しました。そのときの体験が本書にも生かされており、講演の最後をそのときのエピソードで締めくくっているのが印象的です。

本書における著者の主張は力強くシンプルです。要するに、誰もが間違いなく成功を収めるための普遍的な秘訣を伝授しようというものです。その秘訣を、著者は豊富で的確な実例を使って分かりやすく説得力をもって説明しています。

その主張には読者の皆さまもきっとうなずかれることが多いと思います。どんな名講演でもそうでしょうが、コンウェルの語り口には真摯な熱っぽさというものが満ちています。私は、内容はもちろん、その「熱さ」にも感銘を覚えました。

読者の皆さまにもきっと同じ感銘を感じていただけるものと信じています。

関岡　孝平

本書について

本書の著者コンウェルはマサチューセッツの農家の息子として生まれ育ち、苦学してウィルブラハム・アカデミーを卒業、イェール大学在学中に南北戦争で北軍に従軍、勲功を立てました。戦後は弁護士として活躍するかたわら、新聞を創刊、海外派遣員としても世界中を回ります。

その後、牧師となり、テンプル大学を創立し学長に就任します。さらに、貧しくて学費が払えない学者や若者たちのために大学の創立を決意し、資金を調達するために全米各地で講演活動を行っていくうち、彼の名は広く知れ渡っていくこととなりました。

その講演の中でも、最も評判を呼んだ演題すべてを完全採録したものが本書であり、米国で「聖書の次に多くの人に幸福をもたらした」と言われる古典的名著です。「ビジネスマインドはどうあるべきか?」「起業精神・サービス精神とは何か?」といったビジネスの神髄を今に伝える一冊です。

彼の講演の一部では、「自分を忠実に見つめ、素直に金銭の力を認めよう」と訴えています。その声が多くの人に潜む「お金儲け」に対する罪悪感を吹き飛ばしてくれたことでしょう。

本書が長きにわたって読み継がれているのは、「人の役に立つことで、人はそれに見合った報酬を手にすることができる」というメッセージが米国市民を勇気づけるものであったからにほかなりません。人間の持つ無限の可能性を語り、読者を勇気づける内容は、今後も広く読まれ続けることでしょう。

なお、講演の中で博士はよく「ここフィラデルフィアで」と発言されていますが、それはこの講演が博士の地元であるフィラデルフィアで行われたためです。他の土地で講演をされるときはその土地の名前を使っています。

したがって、その発言内容はフィラデルフィアに限らず、皆さま方がお住まいのすべての町に当てはまるものです。そのことをあらかじめご了承ください。

皆さまへ

まずはじめに、この講演がどのように行われてきたかをお話ししましょう。

私はどこかの町や都市を訪れるときには、できるだけ早くそこに行って、その土地の郵便局長さんや床屋さん、ホテルの経営者、学校の校長、教会の牧師に会ってお話をします。それから、工場やお店にも出かけて、そこで働く人たちの話をお聞きします。

そうすることによって、その土地の現在の状況や過去の歴史をよく知ることができますし、その町に今どのようなチャンスがあって、過去にどんな失敗をしてきたか（どんな町や村でも何かしら失敗の経験があります）が分かります。

それから講演に出向いて、その土地土地に合った話題を選んで話をするのです。

『富と幸福の探し方』の背景にあるアイデアはずっと変わらず同じです。それは、ここアメリカという国では、誰でも、自らの技量や行動力を十二分に発揮し、仲間と力を合わせさえすれば、今以上に自己実現をするチャンスがあるというものです。

ラッセル・H・コンウェル

目次

訳者まえがき　4
本書について　6
皆さまへ　8
第1章　宝物のありか……13
第2章　誠実な人ほどお金持ちになれる……45
第3章　お金持ちになるチャンスはどこにある？……57

第４章　ビジネスに必要なのは資金ではなく、心のあり方だ……69
第５章　求められていることは何？……83
第６章　富を得るためのたったひとつの原則……93
第７章　偉大な人物になるためのたったひとつの秘訣……103
第８章　偉業も、富も、成功も。いつもそこから始まる……119

付録　富と幸福をつかむ16のキーワード　141

第1章 宝物のありか

ACRESOFDIAMONDS

ずいぶん昔のことになりますが、チグリス川とユーフラテス川の流域を、イギリス人旅行者の一行とともに旅したことがあります。

そのとき私たちはバグダードで雇った年配のアラブ人ガイドに案内をしてもらっていました。そのガイドは、どことなくアメリカにいる床屋さんを思わせるところがありました。私たち客を道案内するだけではもの足りず、いろいろな、お金にもならない話をして私たちを楽しませるのも自分の義務だと考えているようでした。

ガイドが物語る話は、奇抜で不思議なものばかりで、知らないものもあれば、よく知っているものもありました。その多くは忘れてしまいましたし、忘れてもよかったと思っていますが、ひとつだけ忘れられない話があります。

ガイドは川の土手沿いを、私のラクダを引いて歩きながら、次から次へと話を繰り出します。しまいには私も疲れて聞くのをやめてしまいました。それを見たガイドは機嫌を損ねたようでしたが、私は知らん顔をしていました。

すると何を思ったのか、彼はトルコ帽を脱ぎ、それをくるくると回して私の気を引こうとしました。もちろんその様子は目に入りましたが、彼にまた話を始められても困るので、私はわざと見ないようにしていました。ところが結局、好奇心に負け、彼に目をやってしまった途端にガイドは再び話を始めたのでした。

「それじゃあ、特別な友人だけにする、とっておきの話をしよう」と彼は言いました。

その「とっておき」という言葉につられて、結局彼の話を聞くことになってしまいましたが、今ではそうしてよかったと思っています。冗談でも何でもなく、本当に心の底から感謝しているのです。

私の大学では、１６７４人の学生がこの講義を聞いて卒業していきました。彼らも私がその話を聞いてよかったと思ったのと同じように、感謝してくれています。

さて、その話というのは次のようなものでした。

ダイヤモンドの土地

むかしむかし、インダス川のほとりにアリ・ハフェドという名の年老いたペルシャ人が住んでいた。

アリはとても大きな農場の持ち主で、その中には果樹園や穀物畑や庭園がいくつもあった。お金をたんまりと持っており、裕福で満ち足りていた。満ち足りていたのは裕福だからであり、裕福なのは満ち足りていたからだった。

ある日、アリ・ハフェドのもとに、東方の三賢人のひとり、年老いた仏教の僧侶が訪ねてきた。僧侶は炉端に座ると、この世界の成り立ちについて話しはじめた。

「昔、この世界は霞のように混沌としていたのじゃ」

その混沌の中に全能の神が指を突っ込み、ゆっくりとかき回しはじめた。その指の動きはどんどん速くなり、やがて霞は硬い火の玉になった。

火の玉はくるくると回りながら宇宙を駆け巡り、次々と他の霞に突っ込んでは火をつけていった。それによって霞の湿気は凝縮され、大量の雨となって火の玉に降り注ぎ、火の玉の表面を冷やし固めた。

いまだ燃え盛る火の玉の内部は、表面を突き破って外に噴き出し、山や丘、谷や平地、草原を作った。

こうして、この素晴らしい世界が生まれた。噴き出した溶岩は、すぐに冷えれば花崗岩となり、ゆっくりと冷えれば銅に、もっとゆっくり冷えれば銀に、さらにゆっくり冷えれば金となった。

そして最後に、ダイヤモンドができた。

そこまで話すと、僧侶はこう言った。

「ダイヤモンドというのはの、太陽の光のしずくが凝り固まったものなのじゃ」

この僧侶の発言は科学的に正しい。ダイヤモンドの元となる炭素は太陽光の力によってできたからだ。

年老いた僧侶はさらに続けた。

「親指ほどのダイヤモンドがひとつあれば、一国さえ買うことができ、ダイヤモンドの鉱山をひとつ持っていれば、その莫大な富の力によって、お前の子どもたちを王座に就かせることもできるのじゃ」

アリ・ハフェドは生まれて初めてダイヤモンドのことを知り、それがどれほどの富をもたらすかも知った。

その夜、眠りにつくアリは貧乏人だった。何かを失ったわけではない。**貧乏なのは満ち足りていないからであり、満ち足りていないのは貧乏だったからだ。**

アリはつぶやいた。

「ダイヤモンドの鉱山を手に入れたい」

アリはその夜、一睡もできずに朝を迎えた。

翌朝早く、アリは僧侶のもとへと向かった（私は経験上知っていますが、僧侶は朝早く起こされると機嫌が悪いものです）。アリは僧侶を揺り起すとこう尋ねた。

「教えてください。ダイヤモンドはどこに行けば見つかるのでしょう？」

「ダイヤモンドじゃと！　ダイヤモンドを見つけてどうしたいのじゃ？」

「どうしたいって……大金持ちになりたいだけです」

「ならば、行って探せばよい。それだけのことじゃ。探して見つける。それでダイヤモンドはお前のものになる」

「でも、どこを探せばいいのか分かりません」

「さよう、高い山の山あいにある、白い砂の上を流れる川を探すことじゃ。その白い砂の中にきっとダイヤモンドはある」

「そんな川があるでしょうか？」

「もちろん、あるとも。いくらでもある。四の五の言っておらずに、さっさと行って探しなさい。そうすればダイヤモンドはお前のものになる」

アリ・ハフェドは言った。

「分かりました。行きます」

アリは農場を売り払って資金を集めると、家族を隣人に託して、ダイヤモンド探しの旅に出た。まず彼は、まことにもっともなことだが、ナイル川源流にある「月の山」から探索を開始した。その後、あちこち探し回ってパレスチナへと行き、さらにはヨーロッパをさまよい歩いた。

やがて資金が底をついた。身に着けているのはぼろ布1枚という惨めな姿で飢えていた。

スペインのバルセロナの海岸まで流浪の旅を続けてきた。立ち尽くす彼の目の前の海岸に、巨大な波が押し寄せてきた。金をなくして意気消沈し、嘆き苦しみ、死にかけている男は、波に身を投げたいという恐ろしい誘惑に勝てなかった。

アリの姿は波間へ消え、二度と浮かび上がってはこなかった。


この痛ましい話を語り終えると、アラブ人のガイドは私の乗ったラクダを止め、後ろに回って、もう1頭のラクダから落ちかけていた荷物を直しはじめました。ガイドがしばらく離れてくれたお陰で、私は物語を反芻《はんすう》することができました。そして、自分にこうつぶやいたのを覚えています。「これのどこがとってきの話なんだろう?」と。

だって、この話は始まりだけで、真ん中も終わりもなく、とにかく中身がありません。第1章だけで終わってしまい、しかも主人公が死んでしまう物語なんて聞いたこともなければ読んだこともありません。

しばらくしてガイドは戻ってくると、ラクダの手綱を取り、まるで中断などなかったかのように話の続きを始めたのです。

ある日、アリ・ハフェドの農場を買った男がラクダに水を飲ませようと庭に連れて行った。庭の小川の浅い水面にラクダが鼻を突っ込んだとき、男は流れの白砂の中できらりと光るものに気づいた。小川から拾い上げると、それは黒い石で、真ん中に虹色に光る目のようなものがあった。男はそれを家に持ち帰ると、暖炉の上の飾り棚に置いて、それきり忘れてしまった。

　数日後、男のもとをあの僧侶が訪ねてきた。客室のドアを開けたとたん、僧侶は暖炉の上で光り輝くものに気づき、あわてて駆け寄ると、こう叫んだ。

「これはダイヤモンドではないか。アリ・ハフェドが戻ってきたのか?」

「いいえ、帰ってきてなんかいません。それに、それはダイヤモンドなんかじゃありませんよ。わが家の庭で見つけた、ただの石ころです」

「ダイヤモンドでないかどうかくらい、見れば分かる。これは間違いなくダイヤモンドじゃ」

　僧侶と男は急いで庭に飛び出すと、小川の白砂を手でかき回しはじめた。するとどうだろう。最初の石よりもっと美しくもっと価値のあるダイヤモンドが次から次へと出てきたのだった。

「こうして……」とガイド――いや、その後のことを考えれば、もう友人と呼んでもいいでしょう――は言いました。

「……インド南東部のゴルコンダのダイヤモンド鉱脈は見つかった。南アフリカのキンバリーもしのぐ、史上最高のダイヤモンド鉱脈がだ。イギリスやロシアの皇室が持つコ・イ・ヌールやオルロフといった、世界最大級のダイヤモンドもゴルコンダから掘り出されたものだ」

物語の第2章を語り終えたガイドはトルコ帽を脱ぐと、またもくるくると回し出しました。物語の教訓を話す前に、私の注意を引こうとしたのでしょう。

アラブ人というのは、話の最後に教訓をつけたがる傾向があります。たとえ、話に教訓らしいものがなかったとしてもです。帽子を回しながらガイドは再び話しはじめました。

「もしもアリ・ハフェドがどこにも行かず、自分の家の地下室や小麦畑、庭などを掘ってさえいれば、見知らぬ土地でぼろぼろになって飢え苦しんだあげく、自殺までするような羽目にはならなかった。それどころか『宝の山』を見つけていたはずだ。実際、その古びた農場のいたるところから、掘れば掘るだけダイヤモンドが出てきて、それが皇室の王冠を飾るまでになったのだから」

お金を手に入れるチャンスは転がっています

ガイドがつけ加えた教訓を聞いて、なぜ彼がその話を「特別な友人」にしか話さないのか、その理由が分かりました。しかし、そのことを私はガイドには言いませんでした。

アラブの老人たちには、直接本人に言いにくいことを遠回しな言い方でほのめかすという、まるで弁護士のような癖があり、そのとき彼はこう言いたかったに違いありません。

「この若造め、アメリカの自宅におればいいものを、わざわざチグリス川まで出かけてきよって」

それについては黙っていましたが、その話を聞いて思い出したできごとがあったので、私はそのことを告げ、手早くその話をしてやりました。それをあなた方にもお話ししましょう。

黄金の眠る土地

1847年のことです。カリフォルニアに牧場を所有している男がいました。彼は南カリフォルニアで黄金が発見されたといううわさを聞きつけると、自分も黄金を手に入れたいという欲望に駆られ、牧場をサッター大佐という軍人に売りつけて旅に出ましたが、二度と戻ってくることはありませんでした。

一方、サッター大佐は、牧場を流れる川に水車小屋を取りつけました。ある日、大佐の幼い娘が水車小屋の近くで取った砂を家に持って帰り、暖炉の前で指のすきまからこぼして遊んでいました。そのとき家を訪れていた客が、こぼれ落ちる砂の中にきらっと光るものを見つけました。それが、カリフォルニアで最初に見つかった本物の黄金でした。

元の農場の持ち主は黄金を求めて出て行ってしまいましたが、その黄金は手の届くところにあったのです。それ以来、そのささやかな土地から3800万ドルもの黄金が産出されています。

8年ほど前に、私はその町に行って講演をしました。出席した人の話によると、その農場の権利を3分の1だけ持っている人がいて、その人は長いこと、寝ていようが散歩していようが、15分ごとに120ドルに相当する黄金が懐に入り続けているそうです。しかも、無税です。うらやましいですよね。それだけの収入が無税で入ってくるなんて。

似たような話が、わがペンシルバニア州にもあります。

私が講演するときに何より楽しみにしているのは、ペンシルバニアにお住まいの方を前にしてその話をすることです。今夜これからそれをしようというわけです。

石油の流れる小川

昔ペンシルバニア州に、ある男が住んでいて、彼は農場を持っていました。

私もペンシルバニアで農場を持っていたらそうすると思いますが、男は農場を売ることにしました。でも、農場を売る前に、自分の働き口を確保しなければなりません。

彼にはカナダで石油会社を経営しているいとこがいるので、そこで石油採掘の仕事をさせてもらおうと考えました。

カナダはアメリカ大陸で初めて石油が発見されたところで、初期の頃は石油が川となって流れており、そこから石油をくみ上げていたものです。

さて、このペンシルバニアの農場主は早速いとこに手紙を書いて雇ってくれと頼みました。

いいですか皆さん。この男は根っからの馬鹿ではありません。むしろ賢明と言ってもいいかもしれません。農場を手放す前に、仕事を探そうとしたんですから。

世界広しといえども、代わりの仕事を見つける前に仕事を辞めてしまう人間ほど愚かなものはありません。私のしている牧師という仕事では特にそうです。もっとも、これから離婚しようという人に、その前に代わりを探せとは言いませんが。

＊富と幸福の教え＊

別の仕事が見つからないうちに現在の仕事を辞めるのは愚かなことです。何があろうと、そんなことをしてはいけません。

ほどなくして、いとこから返事が返ってきました。

「君を雇うことはできない。だって君は石油のことを何も知らないじゃないか」

するとその男は自分に向かってこう言いました。

「それなら、石油のことを知るまでだ」

そして、わがテンプル大学の学生のように並々ならぬ熱意を持って、石油の勉強を始めたのです。

天地創造の時代までさかのぼって、この地球を覆っていた植物が原初の石炭層へと変化していく過程を学びました。その石炭層が液化して人間の役に立つ石油へと変化したことや、石油を油田からくみ出す方法を知りました。さらには、石油がどんな色をしているか、どんな匂いがするか、どんな味がするかを知り、精製する方法も学んだのです。

彼は再びいとこに手紙を書きました。「石油のことはすっかり理解した」と。すると、いとこから返事がありました。「分かった。それなら来い」

そんなわけで、男は農場を売り払いました。役所の記録によれば、売り値は833ドルきっかり、端数なしだったそうです。

男が農場を離れていくらもしない頃、新しい農場主が牛の水やりの具合を見るためにやってきました。見ると、牛小屋の後ろを流れる小川に1枚の板が差し込んであります。

それは何年も前に元の農場主が取りつけたものでした。板は川の流れに対して斜めに、水面下数インチのところまで沈められています。そんなふうに板を置いたのは、水面に「黒い汚れ」のようなものが浮かんでいて、そのままにしておくと牛が水を飲まないからでした。その板を置いて汚れを対岸へと導けば、牛が水を飲んでくれるというわけです。

こうしてわざわざカナダにまで出かけた男は、実に23年もの間、原油をせき止めていたのです。

10年前にこの土地を調査した地質学者は、1億ドルの価値があると発表しました。さらに4年前には数十億ドルの価値があるという結果が出たのです。

その農場の持ち主は、天地創造から現代に至るまでの石油の歴史を調べ、石油については知らないことがないというくらい勉強をしました。それなのに、これだけの価値がある土地をたった833ドルで売ってしまったのです。私はこう言わずにはいられません。

「ナンセンス！」

心の底から信じている話

もうひとつ、話を追加しておきましょう。

これは私の出身地のマサチューセッツが舞台なので、少々複雑な気分です。この話に出てくる若者は、私の考えをまた違った角度から照らしてくれます。

銀の鉱脈

マサチューセッツ州に住む若者はイェール大学へと進み、鉱山とその採掘方法について学びました。鉱山技師として非常に優秀だったので、大学の幹部からの依頼で、学業で遅れをとっている学生を指導するようになりました。その仕事で、4年生のときには週給15ドルをもらっていたのでした。

その後、若者が卒業をするとき、大学は週給を45ドルにするから教授にならないかと申し出てきました。ところが若者はその申し出を蹴って家に帰ってしまったのです。

もし大学が週給を15ドルから15ドル60セントに上げようと提案していたなら、若者は喜んで大学にとどまり、教授の職に就いていたでしょう。ところが大学は一足飛びに給料を45ドルに上げてしまいました。それで、若者はこんなふうに言ったのです。

「お母さん、週45ドルでは働かないよ。ぼくみたいに優秀な男が週45ドルとはね。カリフォルニアに行って、金か銀の鉱脈を掘り当てて大金持ちになれるよ」

母親はこう言いました。

「ねえ、チャーリー、お金持ちになるのもいいけど、幸せになるほうがもっと大事だよ」

「もちろん」チャーリーは答えました。

「でも、金持ちになって幸せになればもっといいでしょ」

ふたりとも間違ってはいません。チャーリーはひとり息子で、母親は未亡人でしたから、息子の主張が通ることになりました。これまでもずっとそうでした。

親子はマサチューセッツの農場を売り払うと、カリフォルニアには行かず、スペリオル湖南岸にあるウィスコンシンに行き、彼はそこでスペリオル銅山会社に就職しました。

週給は学生時代と同じ15ドルでしたが、もし鉱脈を発見することができれば、その鉱山から出る利益の一部をもらえる契約をしました。

しかし、その若者は鉱脈を発見できませんでした。

もしも若者が鉱脈を発見していたら、銅山会社の株を持っている人たちは利益を得ることができたはずです。

けれども、私の友人でこの講演に来られなかった人が何人かいます。チケットを買うお金がなかったのです。彼らは、この若者が就職した頃、まさにその会社の株を持っていました。

若者がマサチューセッツを出てからというもの、何の音沙汰もありません。若者がどうなったのかはもちろん、鉱脈を発見したのかしなかったのかも分かりませんが、おそらく発見はしなかったはずです。

若者がどうなったかは分かりませんが、もう一方の当事者がどうなったかなら知っています。

若者がマサチューセッツの農場を出た後すぐ、新しい農場主は畑に植えられたジャガイモを掘りに行きました。農場を買ったときすでにジャガイモが育っていたのです。

新しい農場主は、かごいっぱいのジャガイモを運んでいると、かごが石の塀に挟まって身動きが取れなくなってしまいました。ご存じでしょうか？　マサチューセッツではたいていの農場が石の塀で囲まれていて、出入り口が狭いのです。

農場主はかごを下に下ろすと、かごの右側を引っ張ったり、左側を押したりしました。そうしているうちに、出入り口のすぐ脇のところ、塀の外側の上のほうに大きな銀の塊が顔をのぞかせているのを見つけたのです。

あの若者――鉱山と採掘法、鉱物学の専門家であり、週給45ドルの教授の席まで用意されながら断った若者は、銀が埋まった農場をそれと知らずに売り飛ばしてしまっていたのです。

彼はその農場で生まれ、その農場で育ち、来る日も来る日も石の塀のところを行ったり来たりしながら、そのシャツの袖で銀の塊に顔が映るほど磨き上げていたのです。その銀の塊は「ほらここに何十万ドルものお金があって、拾われるのを待っていますよ」と呼びかけ続けていました。しかし、若者はそれを手に取ろうとはしませんでした。

「こんな田舎で銀がでてくるはずがない」と思い込んでいたからです。銀は、どこか他の土地にあるはずだ。どこかわからないけれど、ここではない。少なくとも鉱物学の専門家である若者はそう考えていたのです。

これは、マサチューセッツ州のニューベリーポートでのできごとです。でも皆が皆、銀はそんなところにはなく、どこか遠くにあると思っています。では、宝の山はいったいどこにあるのでしょう？　私は知りませんし、若者も知りませんでした。あるとしても、自分の家ではないどこか別の場所だと思っています。

皆さん、このような失敗は世界中で起こっています。この若者ひとりを笑うことはできません。

この若者はその後どうなったのだろうと思うことがあります。実際のところは知りませんが、想像することはできます。

彼は今友人たちとともに暖炉の前に座り、こんな話をしています。

「フィラデルフィアに住むコンウェルって人、知ってる？」

「ああ、聞いたことがあるよ」

「じゃあ、フィラデルフィアのジョーンズって男のことは？」

「それも聞いたことがあるな」

そこで若者は笑い出し、お腹を抱えながらこう友人に言うのです。

「でさ、やつらも俺たちと同じことをしてるんだ。まったく同じことをね」


これで、私たちも彼らを笑えなくなってしまいます。皆さんも私も、彼と同じことをしているのです。私たちがここでこうして彼のことを笑っているときに、彼も向こうで私たちのことを笑っているのです。

私自身同じ過ちを犯していることを知っています。だからといって、どうってことはありません。お説教する人が自分を棚に上げることはよくありますから。

今日ここにこうしてお集まりの皆さんも、私が50年間目撃し続けてきたのと同じ過ちを過去に犯しておられるはずです。

私が常々思うのは、もっと若い方を相手にお話しできればなあということです。高校生や小中学生が会場を埋めつくし、その彼らに向かってお話ができたらいいのにと。

若い人は大人より感受性が強いですからね。私たち大人のような先入観を持っていないし、習慣に縛られてもいないし、それに何より私たちが犯した過ちをまだ犯していないからです。そうした若い人たちを相手に話すほうが大人に話すよりもずっと効果があるはずです。

ないものねだりをしてもしかたがありませんので、今自分が置かれている状況の中でベストをつくすことにしましょう。

私は皆さんに申し上げます。「宝の山」は皆さんが今お住まいになっている、まさにここフィラデルフィアにあります。皆さんは「えっ、そんな」とおっしゃるかもしれません。

「ここに『宝の山』が眠っているだなんて。この土地のことを知らないからそんなことが言えるんだ」

このことに関して、新聞にとても興味深いお話が載っていました。ノースカロライナ州でダイヤモンドを発見した若者の話です。それは世界でもまれに見る純度の高いダイヤモンドで、実はそこでは以前にも同じようなダイヤモンドが見つかっていたそうです。

私はある有名な鉱物学の教授を訪ね、なぜそんなところでダイヤモンドが発見されたのかと理由を聞いてみました。するとその教授は北米大陸の地質図を取り出して、その上に指を這わせ、ダイヤモンドが造られるのに適した石炭層が２つあると言いました。

１つは、オハイオ州からミシシッピ州にかけて東西に走る地層で、もう１つ、より可能性が高いのが、バージニア州から大西洋岸に向けて南北に走る地層です。実際ダイヤモンドはそこで発見され、売買されています。そのダイヤモンドは氷河期にどこか北のほうから運ばれてきたのだそうです。

さあ、こうなると、フィラデルフィアを掘ったらダイヤモンド鉱脈が見つからないともかぎりません。皆さんは今、世界一のダイヤモンド鉱脈の上に座っておられるのかもしれないんですよ。だって、若者が発見したような立派なダイヤモンドは、世界でも有数の豊かな鉱脈からしか見つかりませんからね。

もちろんこれは私の考えをお示しするためのたとえ話です。**たとえ皆さんが本物のダイヤモンド鉱脈を持っておられないとしても、それに負けない価値のあるものをすでに持っておられるのです。**

イギリスの女王は、あるアメリカ女性のことをたいそうお褒めになられました。その女性がイギリスで最近開かれたパーティにいっさい宝石をつけずに出席したのにいたく感心されたのです。もうダイヤモンドなどなくても平気なのです。

これからあなた方が気をつけなければならないのは、できるだけ身にまとうものを少なくして質素に見えるようにすることです。それで余ったものは売り払ってお金に換えてしまっていいのです。

もう一度申し上げます。**お金持ちになるチャンス、巨万の富を手に入れるチャンスは、今ここにあります。**私が今お話しさせていただいている皆さんの手の届くところにあるのです。冗談でも何でもありません。本気で申し上げています。

私がここにこうして来て演壇に立っているのは、皆さんにホラ話をお聞かせするためではありません。真実をお話しするためです。私はこれまでの人生でそれなりの経験と知恵を積んできています。私は自分が正しいと確信しています。

ここにお集まりの皆さんのなかには、この講演のチケットを買ってここに来られるのが大変だった方もおられるかもしれません。そういう方でも手の届くところに「宝の山」が、巨万の富を手にするチャンスが転がっているのです。このフィラデルフィアという町ほどチャンスに満ちた町は世界中のどこにもありません。**まったく資金をもたない貧しい人間がまっとうな手段ですぐにでもお金持ちになれるのです。**こんな町は世界の歴史を見てもありません。

いいですか、これは真実です。信じてください。もしも私の話をホラ話だと思われるなら、私が今ここにいる意味はありません。私はホラ話をするほど暇ではありません。真実をお話しするために時間を使っているのです。

今夜この話を聞いてお金持ちになられる方がいらっしゃらなければ、私は時間を無駄遣いしていることになります。

＊富と幸福の教え＊

一人ひとりの目の前に、ダイヤモンドの鉱脈が存在します。今、ここにはチャンスが満ちあふれています。世界中のどこを見ても、これほど素晴らしい場所はありません。まったく資金を持たない貧乏人でも手の届くところに「宝の山」が存在し、正当な手段ですぐにでも大金持ちになれるのです。

第2章

誠実な人ほどお金持ちになれる

ACRES OF DIAMONDS

お金持ちになりなさい。それはあなた方の義務です。信心深いキリスト教信者たちは私にこう言います。

「キリスト教の牧師のくせに、アメリカ国中を回って、若者に『金を儲けろ』『金持ちになれ』などと説いているのですか？」

「はい、そのとおりです」と私は答えます。

「なんておぞましい！　金儲けをしろなんて説教して回る代わりに、なぜ神の教えを説いて回らないんですか？」

「だって、誠実にお金を稼ぐことは、神の教えを広めることにつながるのですから」

そうなのです。私がお金儲けについてお話しする理由はこれです。お金持ちになる人が、その町で最も誠実な人だということだってあるのです。

でも、今夜お越しの若い方の中にはこうおっしゃる方がいます。

「そんな！　ぼくはこれまでずっと、金持ちは嘘つきで、卑しく、しみったれていて、軽蔑すべき連中だと教えられてきました」

いいですか、お若い方。それが、あなたがお金儲けできない理由です。そんなふうに人を見ているからだめなのです。信仰の根本が間違っているのです。そのことについて詳しくお話している時間はありませんので、手短に申し上げますよ。

アメリカの金持ちの100人中98人は誠実な人たちです。誠実だからこそ、金持ちになれたのです。誠実だからこそ、お金にも好かれるのです。誠実だからこそ大きな企業を経営し、そこで働くたくさんの人を集めることができるのです。全て誠実だからこそなのです。

別の若者はこう言います。

「汚いやり方で何百万ドルも稼いだ人のことをよく耳にするんですが」

もちろん、私も聞いたことがあります。でも、そういう人間が珍しいからこそ、新聞もしょっちゅう書き立てるのです。そんな記事を何度も目にしているうちに、金持ちが皆、汚いことをしてお金を稼いでいるかのように思い込んでしまうのです。

皆さん、自動車をお持ちなら、私を乗せてフィラデルフィアの郊外に連れて行ってください。そして、この町の近くで家を持っておられる方、庭や花壇がある美しい家、技巧を凝らした素晴らしい大邸宅をお持ちになっている方を紹介してください。私もあなた方に、事業にも成功し、人格的にも素晴らしい人たちを紹介しましょう。

自分の家を持たない人は人間としてまだ本物とは言えません。自分の家を持っている人は、持たない人より立派で誠実で純粋です。家を持つことによって本当の人間になり、節約をし、気配りもできるようになるのです。

お金を儲けることは、それが大金だったとしても、やましいことではけしてありません。私たち牧師は説教壇の上から貪欲を戒める説教をします。それは皆さんご承知のとおりです。

貪欲はいけないと何度もくどくどと繰り返し、「不浄な金」という言葉を使ったりします。それが行き過ぎてしまって、皆さんは説教壇に立つ牧師が金儲けを否定しているかのように思ってしまうのです。

ところがどうですか。やがて説教が終わって献金用のかごが回されはじめると、私たち牧師は「献金が少ない」と皆さんに文句を言うのです。言うこととやることが矛盾しているとはこのことです。

お金には力があります。行きすぎない程度にお金儲けに熱意を燃やしてしかるべきなのです。お金を持っているほうが、よいことをたくさんできるからです。

お金があればこそ、聖書が印刷できます。お金があればこそ、教会が建ちます。お金があればこそ、教えを広めることができます。お金があればこそ、牧師の給料が払えます。あなた方がお金を払ってくれなければ、聖書も教会も牧師も存在すらできないのです。

教会には牧師の給料をもっと上げてほしいと私はずっと思っています。牧師に給料をたくさん出す教会は、献金もたくさん集めることができるからです。これは例外なく言えます。

たくさんの給料をもらう人は、その力を使ってよいことができます。当然です。お金はもともとよいことに使うためにあるのです。そのことをきちんと知っている人であればよいことに使うはずです。

もう一度言います。お金を儲けなさい。正しいやり方でお金持ちになることはキリスト教徒としての神聖な務めです。敬虔《けいけん》であるためには貧しくあらねばならないと考えている人がいるなら、それはひどい誤りです。

＊富と幸福の教え＊

お金は悪いものではありません。
良いも悪いも、その人の心のあり方によって決まるのです。

「貧しい人に同情しないのですか？」と問う人もいます。

もちろん同情していますとも。そうでなければ、講演など続けてこられなかったでしょう。同情しないわけではありませんが、実際のところ、同情すべき貧しい人の数はとても少ないのです。

罪を犯して神に罰せられ、貧乏になった人に同情して、神がまだ許していないのにも関わらず、私たちが支援の手を差し伸べるのは正しい行いではありません。同情すべき人に同情し、助けるべき人を助けるのではなく、そうではない人に手を差し伸べていることが実はとても多いのです。

罪なくして貧しい人には同情しなければなりませんが、今のアメリカには、自分や仲間の罪で貧しくなった人ばかりで、それ以外の人はいないのです。もはや、貧しくあること自体が罪なのです。

このことをご認識いただいたうえで、ひとまず次の話題に移りましょう。

後ろのほうにおられる紳士が立ち上がってこうおっしゃいます。

「この世の中にはお金よりも価値のあるものがあるとは思いませんか？」

思いますとも。思いますけれども、今はお金の話をしているのです。お金よりも大切なものはいくつもあります。私はお墓の前にひとりぽつんと残された経験から、この世にお金よりも尊く愛おしく純粋なものがあることをよく知っています。もちろんですとも。**黄金よりも尊く重要なものはあります。この世で最も重要なもの、それは愛です。ところが、幸いなことに、愛を知る者はお金持ちでもあるのです。お金には力があります。お金は毒にもなれば薬にもなります。よい人が使えば世の中の役に立ちます。**

このことをもう少しはっきりさせておきましょう。

私の町の祈祷会でひとりの男性が立ち上がって、自分が貧しいのは「神に選ばれし者」だからだと神に感謝したそうです。でも、その人の妻はどう思っているのでしょうか?

その家では彼女が生活費を稼ぎ、夫はそれを使ってベランダでたばこを吸っているのです。そういう貧しい人を私は見たくありませんし、神もご覧になりたくないでしょう。それなのに、神に対して敬虔であるためには、ひどく貧しく、ひどくみすぼらしくなければいけないと考える人が後を絶ちません。

まったく理解できません。貧しい人には同情しますが、そのような教えを私は説きたくありません。

しかしながら、今の時代、キリスト教であれユダヤ教であれ、やはり信者にお金儲けを勧めるのはよくないという偏見があることは確かです。その偏見は世の中に広く、ずっと昔からはびこっています。そのため、これからお話しする、テンプル大学の神学部に、数年前、籍を置いていた学生に賛同される方も多いのではないでしょうか？

その学生は、神学部で敬虔なのは自分だけだと考えているような若者でした。彼はある晩総長室を訪ねてくると、私の机の脇に腰を下ろしてこう言いました。

「総長先生、ここに来て先生とぜひやりあわねばならないと思いまして」

「いったいどういうことかね？」

するとと彼は答えました。

「先生、大学の卒業式でこうおっしゃったそうですね。富を得たいと願うのは若者にとって立派な志だ。そういう志を持つことによって節度も身につくし、評判をよくしようと努めるようにもなるし、勤勉にもなると。つまり先生は、金持ちになりたいという志を持つことによって善良な人間になれるとおっしゃったわけです。ところが聖書には『金銭は諸悪の根源である』と書かれています」

私はそんな言葉を聖書で見た覚えはないので、そう学生に言い、礼拝堂から聖書を取ってきて、その部分を見せてほしいと頼みました。

学生は部屋を出ると、すぐに開いたままの聖書を手に戻ってきました。顔いっぱいに、視野の狭い信者の、つまり、聖書を誤読したままそこにキリスト教徒としての拠りどころを見出すような、得意げな表情を浮かべていました。

彼は聖書を机の上に投げるように置くと、うわずった声で言いました。

「そこに書いてありますよ、総長先生。ご自分でお読みになったらいかがですか？」

私はこう返しました。

「君、もっと年を取ったら分かると思うが、宗派の異なるものに聖書を読ませるのは危険だ。君と私は宗派が違うだろう。神学科で重要なのは解釈のしかただと教わったはずだ。だから、君自身が読んで、君が主張するところを教えてくれないか?」

彼は聖書を手に取ると、自信たっぷりに読みあげました。「金銭《欲》は諸悪の根源である」と。

ようやく正しい引用になりました。これならば、彼の言っていることは間違いのない真実です。

私は50年というもの、聖書の解釈について、旧約聖書が戦ってきたのと同じ手ごわい戦いを戦ってきました。そして最近になってようやく勝利の旗がはためくのを目にすることができました。歴史上今現在ほど、聖書の内容は一言一句真実であるという点で、世界の有識者たちの意見が広く一致したことはないのです。ですから、この学生が聖書を正しく引用したのであれば、それはまぎれもない真実です。

「金銭《欲》は諸悪の根源である」

欲をかいて、お金を手っ取り早く、あるいは不正な手段を使って儲けようとしたら、それは堕落です。そのことに疑いはありません。

金銭欲とは何でしょうか？　それはお金を偶像にして崇拝することです。**理性を欠いた偶像崇拝は聖書も戒めていますし、常識的にも戒められるべきものです。**

お金の使いみちを考えるのではなくお金そのものを崇拝する人、お金を偶像化する人、お金を地下室に貯め込んだり、靴下の中に隠したりして、世の役に立つことに使おうとしない守銭奴、ドル紙幣のワシが悲鳴を上げるほどお金を抱きしめて喜んでいるような人は、自らの心の中に諸悪の根源を宿していると言っていいでしょう。

第3章

お金持ちになるチャンスは
どこにある?

ACRESOFDIAMONDS

この話はこれくらいにして、おそらく皆さんどなたもがお聞きになりたい疑問にお答えしましょう。

「このフィラデルフィアにお金持ちになるチャンスはあるのだろうか？」という疑問です。

実のところ、チャンスがどこにあるかを見極めるのはとても簡単なことです。皆さんがここだと思えば、その瞬間、そこがその場所になるのです。

後ろのほうにおられる年配の紳士が立ち上がってこうおっしゃいます。

「コンウェルさん、フィラデルフィアに31年も住んでいてお分かりにならないんですか？　この町で成功できる時代なんてとっくに終わっていますよ」

「私はそうは思いませんが」

「いいえ、終わっています。私自身やってみてダメだったんですから」

「どんなことをされているのですか？」

「20年前から店をやってます。20年間通したって稼ぎは1000ドル以上にはなりません」

「なるほど、ではこう申し上げましょう。あなたがこの町にどれくらい役に立っているかは、あなたがこの町でどれくらい儲けたかで計ることができます。**自分の価値は自分が受け取るもので判断できるからです。**それがつまり、今この時点における、世の中に対する自分の位置ということになります。

「ですから、あなたが20年で1000ドルしか儲けられなかったとしたら、フィラデルフィアの人も19年と9か月前にあなたを町から追放していたほうがよかったのです。いくら町角の食料雑貨店でも、フィラデルフィアに20年も店を構えていて、少なくとも50万ドル以上の売り上げがないとしたら、店を経営する資格がありません」

すると、その方が反論します。

「いまどき店をやって5000ドルだって稼げっこありませんよ」

おやまあ、そうでしょうか？

皆さん、近所をぐるっと回って、近所の人たちが何を欲しがっているか、彼らに何を提供すればいいかを調べて書きとめてみてください。そして、それを店で売ったらどれだけ儲けが出るか計算してみるのです。

そうしたらすぐお分かりになります。**富はあなたの手の届くところにあるのです。**

＊富と幸福の教え＊
周囲の人々が何を求めているか調べてみましょう。

そして、それを売ったらどれだけのお金になるか計算してみましょう。


こうおっしゃる方もいます。

「あなたは商売のことが少しも分かっていない。坊さんに商売のことなんか分かるわけがない」

それなら、私が商売のプロであることを証明しましょう。そんなことはしたくないのですが、しかたないですね。そうしないと、私の言うことを信じていただけないようですから。

私の父は田舎でよろず屋を経営していました。この世で、あらゆる種類の商売について、あらゆる種類の経験を積むことができる場所があるとすれば、それは田舎のよろず屋です。自慢をするわけではありませんが、父は所用で店を離れるとき、私に店を任せてくれました。父にとって幸いなことに、しょっちゅうではありませんでしたが。

それでもこんなことがよくありました。ひとりの男がやってきて私にこう言います。

「ジャックナイフはあるかい？」

「いいえ、ジャックナイフは置いてません」

私は口笛を吹きながら、さっさと客のもとを離れます。そんな男に関心を持てったって、無駄ってもんでしょう？　しばらくすると、別の男がやってきて言います。

「ジャックナイフはあるかい？」

「いいえ、ジャックナイフは置いてません」

また、私は別の曲を口笛で吹きながら立ち去ります。やがて、3人目の男が店の戸口に立って言います。

「ジャックナイフはあるかい？」

「いいえ、ないです。何だってみんなジャックナイフを買いに来るんだい？　うちが、近所中に売れるくらいたくさんのジャックナイフを置いてるとでも思ってるんですか？」

ビジネスで成功するための原則はひとつ

皆さんもこんな商売の仕方をしていませんか？　当時の私は信仰の基本と商売の基本がまったく同じであることに気づいていなかったのです。

「商売に信仰を持ち込むことなんかできない」とおっしゃる方は、自分が商売下手であるとか、いずれ破産への道をたどることになるとか、泥棒に身を落とすことになるとか、とにかくその3つにひとつであることを公言しているようなものです。商売に信仰を持ち込まなければ、必ずそうなります。

あのとき私がキリスト教徒としての心を持って父親の店の店番をしていれば、3番目の客がジャックナイフを買い求めに来たとき、それに応えることができたでしょう。そうすれば客を喜ばせることができ、私の店も利益を得ることができたでしょう。それこそが私がやるべきことだったのです。

キリスト教徒の中には、必要以上に厳格な敬虔さを求め、何かを売って利益を得ることを罪深いことだと考える人たちがいます。それは違います。それどころか、かかったコストよりも安い値段で売るほうが罪悪なのです。そんなのは正しい行いではありません。

自分のお金を大事にしないような人に、お金を委ねることはできません。自分の妻を裏切るような人が身内にいたら、そんな人は信用できません。自分の気持ちや性格や人生観に正直に行動しない人は信用できません。

私の店に来た3番目の客、あるいは2番目の客のためにジャックナイフを用意し、それを売って利益を得るのは私の義務だったのです。価値以上の値段をつけて売るのはいけないことですが、物を売って利益を出さないのも正しいことではありません。自分も利益を得、相手も同じくらい利益を得るような商売をすべきなのです。

＊富と幸福の教え＊
利益を得ることより、原価より安い値段で売ることのほうが罪深いことです。それは物の価値をおとしめることだからです。

「持ちつ持たれつ」はキリスト教の教えの根本原理でもあり、それは日々生きていく上での根本原理でもあります。若い皆さん、いいですか、日々の生活を充実させてください。私くらいの年になってから人生を楽しもうだなんて思わないでください。

今私が数百万ドルのお金を手にしたとしましょう。いや、そのうちの50セントでもいいです。それがこのところ私が稼ごうと努めている金額ですから。もし仮にそうできたとしても、今こうしてこの会場で得ているもの以上のものを私は得られないでしょう。

これまで長いこと生きてきたなかで、**私は自分の持っているものを、曲がりなりにも周りに分け与えようと努めてきました。そうすればこそ、今こうして、その何百倍もの見返りを得ているのです。**

こんな独善的な言い方をすべきではないかもしれません。でもこの年なので大目に見ていただけるでしょう。私には周りの人を手助けする義務がありましたし、実際にそうしてきました。誰しも周りを助け、それによって喜びを感じなければいけません。

人から金をだまし取ったり、人の正直な稼ぎをかすめ取った気分で家路に着くのでは、枕を高くして眠れません。翌朝疲れが取れないまま目を覚まし、後ろめたい気分で仕事に出かけなければなりません。そんな人は、たとえ何百万ドル貯め込もうと、成功者とは言えません。その一方で、自分の権利を主張し、自分の利益を得ながら、仲間と分け合ってきた人は日々充実した生活を送れますし、それこそが**富への王道**なのです。金持ちになった人たちを見ていると、皆そうした道を通っています。

先ほどフィラデルフィアで商売をしても金儲けなどできないとおっしゃった方は、商売のしかたを間違っているのです。明日の朝、私があなたの店におじゃましてこう尋ねたとしましょう。


「少し先の1240番地に住んでいるAさんをご存じですか？」

「ああ、知ってますよ。あそこの角で店をやってる人ですね」

「どこのご出身でしょう？」

「さあ、知りません」

「ご家族は何人でしょう？」

「さあ、知りません」

「どの政党を支持していますか？」

「さあ、知りません」

「宗派は何でしょう？」

「そんなこと知りませんし、興味もありません。そもそも何のためにこんなことをお聞きになるんですか？」

あなたは実際こんなふうにお答えになっていませんか？　もしそうだとしたら、父の店の店番を私がしていたときと同じやり方で商売をされているのです。

あなたは、近所の人が引っ越してきたときに、どこからやってきたのか知ろうともしませんでした。もしそういうことをちゃんと気にかけていたら、今頃お金持ちになっていたことでしょう。

その隣人のことに興味を持って気にとめ、何を欲しがっているか知ろうとしていたなら、今よりもずっとお金持ちになっていたはずなのです。ところがあなたは「お金持ちになるチャンスなどどこにもない」などと言って過ごしてこられたのです。問題はあなたの足元にあるのです。

＊富と幸福の教え＊

まわりをよく見て人々のニーズを把握しましょう。

人が必要とするものを提供すればその人の役に立った分だけのお金を受け取ることができます。

第4章

ビジネスに必要なのは資金ではなく、心のあり方だ

ACRES OF DIAMONDS

皆さん、自分の才能やお金を無駄にしてはいけません。まわりをよく見て、人々のニーズを把握してください。

そして人々が必要とするところに、自分の力やお金をつぎこんでください。そうすれば、成功することは間違いありません。

元手の資金がない人ほど成功する

すると、向こうに座っている若い方が立ち上がってこう言います。

「でもぼくには商売はできません」

ここで念のために言っておきますが、私は商売を例に取って話してはいますが、それはどんな職業にも当てはまることで、商売に限ったことではありません。

「なぜできないのでしょうか？」

「資本がないからです」

なんという軟弱な甘えん坊でしょう。自分では何もできないのです。こういう幼稚な甘えん坊があちこちにいて「ぼくに資金さえあれば、大金持ちになれるのに」などとぼやいているのを聞くと、私たちも力が抜けてしまいます。

「あなたは、資本があればお金持ちになれるんですか？」

「間違いなくなれます」

では、私はこうお答えします。「間違いなくなれません」と。もしお金をたくさん持っている母親がいたとして、その母親に資金を出してもらったとしても、それでは母親のお金で母親の事業をしているだけになってしまいます。

断言します。若い人が苦労もせずに多くのお金を手にするのは不幸のもとです。お金を相続するのは若い人のためになりません。

お子さんがいらっしゃる方は、財産を遺《のこ》してやろうなどと考えないでくださいね。それは彼らのためになりませんから。遺すなら、教育とか、敬虔で高潔な性格とか、よい人脈、よい評判といった財産を遺してあげましょう。そのほうがお金なんかよりもずっと役に立ちます。若者にお金を持たせるのは本人にとっても、国にとってもためになりません。

ですから、若い皆さん、親が財産を遺してくれたとしても、そんなもの頼りになりませんよ。逆にそれはあなたの足かせになり、人生の最も素晴らしい部分を奪ってしまいます。お金持ちの息子や娘として生まれるほどかわいそうなことはありません。私は金持ちの家に生まれたご子息を気の毒に思います。人生最大の喜びを味わえないのですから。

＊富と幸福の教え＊
親の財産を相続しても何のメリットもありません。何の苦労もせずに手に入れた大金は本人の足かせになります。

では、人生最大の喜びとはいったい何でしょう？
それは、若い人が自分の力で生計を立てることであり、素敵な若い女性と出会って婚約し、自分自身の家を持とうと「決意」することです。

愛する者を得て、よりよい生活を手に入れようというけなげな考えのもと、貯金を始めます。無駄遣いを慎み、お金を銀行に預けるのです。そうして数百ドルのお金を貯めたら、郊外に足を運んで家を見つけてきます。

そしておそらく銀行に行って購入代金の半分を借り、花嫁を迎えに行くでしょう。花嫁をその腕に抱いて家の敷居をまたぎ、胸を張って、生涯で初めての宣言を、私の口ではうまく伝わらないかもしれませんが、こんなふうに力強く口にします。

「ぼくが自分で働いて手に入れた家だ。ここで一緒に暮らそう」

これこそが、人生最高の瞬間です。

ところが金持ちの息子はそんな喜びを味わうことができません。彼は花嫁をおそらくもっと立派な大邸宅に連れて行くことでしょう。でも、広い大邸宅の中を見せて歩きながら「これはママが買ってくれた。あれもママが買ってくれた。それからこれもママがくれた」と言い続けるしかないのです。しまいには花嫁も、いっそのこと彼の母親と結婚すればよかったという気分になるでしょう。私は金持ちの息子を本当に気の毒に思います。

マサチューセッツ州の統計によれば、金持ちの家に生まれた子息のうち、死ぬまで金持ちだった人は17人に1人の割合しかいないそうです。

重ねて申し上げますが、私は金持ちの子息を気の毒に思います。ただし、これには例外があって、ときどき素晴らしい精神の持ち主が現れます。海運・鉄道王と呼ばれるウィリアム・バンダービルト氏がそうです。

鉄道王になった少年

彼は若い頃、父親のコーネリアスのところに行ってこう言いました。

「うちのお金は、お父さんが全部自分で稼いだの？」

「そうだとも。私の最初の仕事はフェリーボートの雑用係で、日給25セントだった」

「それじゃあ」とウィリアムは言いました。

「お父さんのお金をもらうわけにはいかない」

彼はそう言うと、その晩早速フェリーボートでの仕事を探しに出かけました。あいにくそこでの仕事は得られませんでしたが、かわりに週給3ドルの仕事を見つけてきました。

彼はひたいに汗して働きました。金持ちの息子でもこういうふうにすれば、貧乏人の息子と同じよい社会経験を積むことができます。それはどんな大学教育よりもよい教育になり、父親から莫大な財産を受け継いでも、きちんと管理することができるようになるでしょう。

しかし、ウィリアム・バンダービルトのような人物は例外的な存在であって、普通の金持ちは自分の息子にそんな貴重な経験をさせようとはしません。

多くの場合、息子が汗して働くことを許さないのです。まして母親ときたら！青白くきゃしゃで、か弱い自分の息子に汗水たらして働くようなまねをさせたら、世間体がよくないなどと考えるのです。そういう金持ちの息子には同情のしがいがありません。

以前、ナイアガラの滝でそんな金持ちの息子を見かけたことがあります。ですが、その話をする前にもっと最近のことを思い出しました。大きな晩餐会でのできごとです。会場にお集まりの中にもそうした晩餐会に出席される方がおられるでしょうから、もしお知り合いでしたらお許しください。

ここフィラデルフィアで開かれた晩餐会で、私の隣に座ったのは心優しい若い方でした。その若い方は私に向かってこう申し出てくださいました。

「コンウェルさん、ここ2～3年お体の具合がよろしくないとか。お帰りになるときは、ぜひ私のリムジンをお使いください。ブロードストリートのお宅までお送りいたしますので」

たいへんありがたい、ご親切なお申し出でしたので、その後のことをこんなふうにお話しするのは遠慮すべきかもしれません。でも事実は事実なので、お話しすることにいたします。

私は彼の運転手とともにそのリムジンに乗り込み、車が走り出すと運転手にこう聞きました。

「この車はいくらしたんですか？」

「6800ドルです。もちろん、それに税金がかかりました」

「で、ご主人はご自分で運転されたことがおありですか？」

運転手はとたんに笑い出しました。あんまり笑ったので、車の運転がおろそかになり、車を歩道に乗り上げ、街灯の向こうを回って、ようやく元の道に戻ったほどでした。そうやって道に戻っても、車体が震えるほど笑い続けていた彼はこう言いました。

「あの方が運転されるだって！　目的地に着いたときにどうやって車から降りるかも、ご存じかどうか怪しいもんだ」

心の豊かな人は、お金持ちになる素質を持っています。健全な目的に向かっていく気持ちは、何よりも大切な元手です。何か大きなことをなしとげようという気持ちがあれば、資金はおのずとやってくるものです。

＊富と幸福の教え＊
お金を儲けるのに必要なのは、資金よりも心のあり方です。

大切なのはやる気と目的です。

平凡な能力を、大きな目的に向かって最大限に生かせばいいのです。

さて、ナイアガラの滝で見かけたお金持ちの少年のことを話さないといけませんね。

講演を終えてホテルに入るときのことでした。フロントに行こうとすると、そこにニューヨークから来たというお金持ちの若者がいました。その若者は、人類学的に興味深いというか、何とも言いようのない人種でした。てっぺんに金色の房飾りをつけた縁なし帽を頭の片側に載せ、腕には、帽子以上にたくさんの金色の房をつけたステッキを抱えていました。

その若者の様子を説明するのはとても困難です。透けて前が見えそうにない片眼鏡をかけ、歩くことができそうにないエナメルのブーツをはき、膝を曲げて座ることができそうにないスラックスをはいていて、まるでコオロギのようないでたちでした。

この人間コオロギは、私がフロントに向かったまさにそのとき、眼鏡の位置を直しながら係員にこんなふうに話しかけました。彼はそれを英語で話したつもりなのでしょうが、英語というよりもニェーゴとでも言ったほうがいいような、子どもっぽい舌足らずな話し方でした。

「あのう、ぼくにぃ、びんしぇんとぉ、封ちょうをぉ、貸していただけましぇんか？」

ホテルの係員はその若者を値踏みするようにちらっと見ると、引き出しから封筒と便せんを取り出して、カウンター越しに投げてよこし、さっさとそこを離れて自分の仕事に戻ってしまいました。

封筒と便せんがカウンター越しに飛んできたときの若者の様子は見ものでした。まるで七面鳥のように胸を膨らませて、片眼鏡を直すと、こう叫んだのです。

「ちょっとぉ！　ボーイを呼んでぇ、びんしぇんとぉ、封ちょうをぉ、あしょこの机に持ってくるように言いなしゃい」

何という哀れでみじめで情けない小僧っ子でしょう。わずか20フィートの距離でさえ、便せんと封筒を自分では運べないのです。きっと、腕を下に下ろして便せんと封筒を取ることさえできないのでしょう。

私はあんな人間のできそこないには同情を感じません。ここにお集まりの若い皆さん、**もしあなた方に資本がないというのなら、それは喜ぶべきことです。あなた方に必要なのは品性であって、金銭ではありません。**

第5章

求められていることは何？

ACRES OF DIAMONDS

私の言うことをもっとよく分かっていただくために、皆さんがよくご存じの話を例に取ったほうがいいでしょう。デパート経営の草分けのひとり、アレクサンダー・ターニー・スチュワートの若い頃のお話です。

確実な商売

スチュワートは、ニューヨークの貧しい家に生まれ、商売を始めた時手元にあったのはたった1ドル50セントでした。しかも、最初に手を出した商売でそのうちの87セント半を失ってしまいます。でも、初めての商売で損をしたことはスチュワート少年にとってむしろ幸いでした。彼は自分にこう誓ったのです。

「いちかばちかの商売は二度とすまい」

そして、スチュワートはその誓いを守りました。なぜ彼は最初の商売で87セント半を失う結果になったのでしょう? おそらく皆さんは既にお分かりだと思います。彼は持っていたお金で針と糸とボタンを買って、それを売ろうとしたのですが、住民たちはそんなものを求めてはいなかったのです。彼の手元には針と糸とボタン、そして損失だけが残りました。

「二度と同じ失敗は繰り返さない」。そう考えた少年は、手始めに近所を回って、住民たちが何を求めているかを聞き出しました。そうしてから、残った62セント半を使って住民が欲しがっているものを買い求めたのです。

＊富と幸福の教え＊

なぜ、あの店は繁盛しているのでしょう？
なぜ、あの製品は売れているのでしょう？
理由は簡単です。人々が求めているものを作ったり、売ったりしているからです。
そして、人々が求めていないものを売ろうとしないからです。

このことから1つの重要な教訓が出てきます。

商売であれ、仕事であれ、家事であれ、何かを決めるときには、欠かせない成功の秘訣があるのです。それは「まずは需要を知れ」ということです。人びとが何を欲しているかを把握し、そこへ貴重な資金を投入するのです。

スチュワートはその原則を忠実に守って事業を展開し、4000万ドルに上る富を築き上げました。現在、ワナメーカー氏がニューヨークで経営しているデパートも、もともとは彼が所有していたものです。

スチュワートが富を築くことができたのは、最初に損をしたおかげです。その失敗がいい教訓になったのです。その教訓というのは、自分と自分の金は人びとが必要としているものに投資しなければならないということです。

営業の皆さん、本当にそのことが分かっておられますか?

製造者の皆さん、需要は時々刻々変わっています。成功を手にするには、それらを常に知っておく必要がありますが、そのことを分かっておられるでしょうか？　製造者だろうが、商店主だろうが、労働者だろうが、皆同じです。**人が必要としているものを提供する。そこに全力を投入するのです。これは、聖書と同じくらい深遠な真理です。**

最も重要な、たった1つの原則

これについての最もよい実例は、アメリカで初めて億万長者となり、当代一の富豪と呼ばれた毛皮商人ジョン・ジェイコブ・アスターです。ご存じのとおり、彼はニューヨーク在住中に今の財を築きました。彼はかつて船賃を借金して、ドイツからアメリカへと渡ってきたのです。ポケットに一銭もなかった貧しい少年が富を築くことができたのは、たった1つの原則に従ったからです。

今夜お集まりの若い皆さんの中には、こうおっしゃる方もいるでしょう。

「ニューヨークだからうまくいったんだ。この町じゃそうはいかなかったよ」

皆さん、『ニューヨーク・ヘラルド』新聞記者のジェイコブ・リースをよくご存じだと思います。彼の書いた素晴らしい本は読んでおられますか？　１８８９年にニューヨークの大富豪１０７人を対象に行った調査結果を報告したものです。もし読んでおられれば、１０７人の大富豪のうち、ニューヨークで富を築いたのはたった７人しかいないことがお分かりのはずです。当時１０００万ドル相当の不動産を所有していたそれら１０７人の富豪のうち67人は、人口３５００人以下の町で財を成しています。また、不動産価格統計によれば、現在アメリカ一の資産を持つ富豪は人口３５００人の町から一度も出たことがありません。

問題は、あなたがどこに住んでいるかではなく、あなた自身が何をするかなのです。この町でお金持ちになれない人は、ニューヨークでも金持ちにはなれません。

さて、ジョン・ジェイコブ・アスターの話に戻りましょう。彼が、どこにいたってやればできるということを見せてくれます。

人気の帽子屋の秘密

ジョン・ジェイコブ・アスターは婦人用の帽子を売る店に資金を貸していました。しかしその店は売り上げが芳しくなく、アスターに対して利子を払うことができません。そこでアスターは抵当権を行使し、その店を手に入れ、店も店員も資金もそのままで店を続けることにしました。ただし資本金からは給料を1ドルたりとも出さないということも決めました。つまり店員が給料を得ようと思ったら商品を売るほかにはないわけです。

アスターはいつものように店を店員たちに任せて外に出ると、近くの公園に行き木陰のベンチに腰を下ろしました。彼はそこで何をしようというのでしょうか？　それにそもそも、店の経営に失敗した人たちとなぜ一緒にやろうなどと考えたのでしょう？　実は、店の経営にとって最も重要な、そして私の考えでは最も楽しい部分を自らの手でしようとしていたのです。

アスターはベンチに座ると、通り過ぎる女性たちを観察しはじめました。彼は女性たちをターゲットにして帽子を売る商売で儲からないはずはないと考えていました。

そうしてベンチに腰かけていると、ひとりの女性が彼のそばを通り過ぎました。背筋をぴんと伸ばし、まっすぐ前を向いて歩いています。他人の視線などまったく気にとめない様子です。アスターはその女性の帽子をじっと観察し、彼女の姿が見えなくなるころには、帽子の形から、装飾品の色、羽飾りの様子まで全て頭の中に入れていました。

私もときどき女性用の帽子のデザインを口で説明しようと試みることがありますが、うまくいったためしがありません。流行の帽子にいたっては説明しようとすら思いません。

そもそもきちんと説明できる男性なんているのでしょうか？　後ろや首回りに流木のようなごちゃごちゃした装飾品がつけられていて、まるで尻尾だけ残して羽をむしられた雄鶏のようです。

しかし、ジョン・ジェイコブ・アスターの時代にはそれを表現する技術があったようです。アスターは店に戻ると、店員たちにこう言いました。

「これからぼくの言うような帽子をひとつ作ってショーウィンドウに飾ってくれ。そういう帽子が好きな女の人を見かけたんだ。ぼくが戻ってくるまでそれ以外作らないで」

そう言うと彼はまた公園に行ってベンチに腰を下ろしました。すると、先ほどの女性とは顔かたちも姿も違う女性が、形も色も異なる帽子をかぶって通り過ぎます。アスターは店にとって返すと、店員たちに命じました。

「今度はこんな帽子を作ってショーウィンドウに出してくれ」

アスターはショーウィンドウを帽子で埋めつくそうとはしませんでした。そんなことをしたら、かえって客が寄りつかないからです。

アスターは店の裏口の階段に行って座ると、大きな声で客寄せを始めました。裏の通りはワナメーカーのデパートに行く買い物客でにぎわっていたからです。

ショーウィンドウには、未完成だけれど、女性が好みそうな帽子だけが飾られていました。

お察しのとおり、客の流れはすぐにアスターの店に向かうようになり、こうしてニューヨーク一の帽子店が誕生したのでした。その店はご存知、今でも3大帽子店のひとつとして繁盛しています。


その店は一度失敗した後、アスターのてこ入れによって繁盛店へと生まれ変わりました。アスターは資金を追加投入するのではなく、女性がどんな帽子を欲しがっているかを調査することによって成功を呼び寄せました。ですから、無駄なものを作ってどぶに捨てるようなこともせずにすんだのです。

こんなふうに女性向け帽子の商売で先を見通せる人物なら、この世のことならおよそ何をやっても先を見通すことができることでしょう。

第6章

富を得るためのたったひとつの原則

ACRES OF DIAMONDS

さて、この町では製造業が盛んですね。たとえば、私が今夜ここにお集まりの皆さんのところへ降りて行って「製造業の盛んなこの町で、製造業で金持ちになるチャンスはないでしょうか？」と聞いて回ったとしましょう。すると、若い方が何人かこう言います。

「もちろんありますよ。トラストを組むことができて、手元資金が2～300万ドルあれば、ここでもまだまだチャンスはあります」

若い皆さん、あの反トラスト法という強烈なパンチによってトラストは壊滅状態です。それはつまり裏を返せば、今は個人事業主にとってのチャンスなのです。

＊富と幸福の教え＊

重要なのは「どこに住んでいるか」ではなく、あなた自身が「何をするか」です。自分の地元でお金持ちになれないなら、どこにいっても成功できないでしょう。

長い歴史の中でも、資本金なしで製造業で大儲けするチャンスがこんなにある状態は、今をおいてはありません。

しかし皆さんはこうおっしゃるでしょう。

「そんなことは無理だ。資本がなければ、何も始められない」

それなら、実例を挙げて説明させてください。そうしなければなりません。それが、間もなく事業を始めることになる皆さん方若い人たちに対する私の義務だと思うからです。若い皆さん、これだけは肝に銘じておいてください。**人びとが何を求めているかをよく知りなさい。そうすれば、どれほど多くの資本金よりも役立つ、富を得るための武器となります。**

貧乏な大工

マサチューセッツ州のヒンガムに、失業中の貧しい男がいました。することもなく家でぶらぶらしていましたが、ある日、とうとう妻に仕事を探しに行くようにと言われました。彼はマサチューセッツの男ですから、妻の言いつけに素直に従いました。男はマサチューセッツ湾に行くと、海岸に腰を下ろし、濡れた木切れを拾って削り、木の首飾りを作りました。

その晩、その首飾りが子どもたちの取り合いになったので、もうひとつ作ることにしました。2つ目を作っている最中《さなか》に近所の人がやってきてこんなことを言いました。

「おもちゃを作って売ったらどうかね？　金になるよ」

「ああ、そうだね。でも何を作ればいいか分からんなあ」

「おたくの子らに聞けばいいじゃないか」

「そんなことをしても意味がないんじゃないかなあ。うちの子は他の子とは違うから」

これは、私が学校の教師をしているときによく聞いた文句です。しかし男は思い直し、近所の人のアドバイスを受け入れ、翌朝娘のメアリーに尋ねてみました。

「おもちゃだったら、どんなのが欲しい？」

するとと娘は欲しいものを次から次へと挙げ始めました。人形のベッド、人形の洗面台、人形の乗りもの、人形の傘……。一生かかっても作れないほどの数です。

わが子の意見を聞いた男は、材料を買うお金もなかったので、暖炉の薪を使って木のおもちゃを作り始めました。こうして、頑丈で塗装なしのヒンガムの木のおもちゃが誕生し、その後ずっと世界中で愛されることになります。

彼は最初自分の子どものためだけにおもちゃを作っていましたが、その後同じものを作り、隣の靴屋で売ってもらうようになりました。少しずつお金が入り始め、やがてその額はどんどん膨れ上がっていきました。その結果、著名な実業家のトーマス・ウィリアム・ローソンがその著書『燃え上がる投資熱』の中で「マサチューセッツ州で一番の富豪」と書くまでになったのです。

ローソンが書いていることは事実です。男の資産は今では1億ドルにも達しています。わずか34年でこれだけの資産を築いたのは、**たったひとつの原則**をずっと貫いてきたからです。

それは、**自分の子どもたちが好きなものは他の家の子どもたちも好きだ**ということ、**人の気持ちは自分や妻や子どもたちの気持ちから推し量れるというものです。**それが製業で成功するための王道なのです。

それでも「へえ、本当に全然資本がなかったのかい?」と言う人がいます。資本はありましたとも、ペンナイフが。しかしそれさえも、お金を出して買ったものかどうか定かではありませんが。

私はかつてこの話をコネティカット州でもしました。そのとき4列目に座っていた女性が家に帰って襟《えり》のボタンを外そうとすると、ボタンが穴に引っかかって外れません。やっとのことで外すと、彼女はボタンを投げつけて「私、もっとましな襟ボタンを作るわ」と言いました。すると、彼女の夫が笑って言いました。

「今夜のコンウェルさんの話からすると、もっと使いやすい襟ボタンの需要があるわけだ。需要あるところは富ありなんだから、新しい襟ボタンをつくって大金持ちになってくれよ」

この夫は妻をばかにし、ひいては私をばかにしたのです。これほど悲しいことはありません。真夜中に黒い雲で覆われたような気分です。50年以上も一生懸命仕事をしてきましたが、実際に成しえたことの何と少ないことでしょう。

皆さんは私の話を聞いて盛大に拍手してくださいますが、今日お越しの方の中で、私の講演を聞いてお金持ちになれる人は10人にひとりもいないでしょう。しかしそれは私の責任ではありません。皆さんの責任です。

責任逃れでこんなことを言っているのではありません。私が何を言おうと、皆さんが実行してくださらなければ、何にもならないのです。

その女性は夫にからかわれたことで、襟ボタンを改良しようと本気で決意しました。女性が「私はやる」と決めて口に出さないときは、「本当にやる」ものです。

今どこにでもある、パチンと留めるスナップ式のボタンは、ニューイングランドのその女性が発明したものです。こうして、中にバネのついたボタンが誕生しました。

今夜コートをお召しになっている方ならお分かりでしょう。押すだけでくっつき、引っ張るだけで外れるボタンです。それはその女性が発明したものです。

その後彼女は数種類のボタンを発明し、改良を重ね、やがて大きな工場と提携しました。

今では毎年夏になると、自家用の船で海外旅行をしています。もちろん、夫も連れていってあげます。

万が一、夫が死んでも平気でしょう。彼女は外国の爵位を時価で買い取れるほどの資産を持っているのですから。

さて、このできごとから得られる教訓は何でしょう?

講演当時、私はその女性のことを知りませんでした。聴衆のひとりである彼女に、今まさにあなた方にお話していることと同じことを言いました。**「皆さんの富は、皆さんのすぐ近くにあります。皆さんは見過ごしているだけなのです」**とね。

そのときまでは彼女も見過ごしていました。襟ボタンは顔のすぐ下にあったのですから。

第7章

偉大な人物になるための たったひとつの秘訣

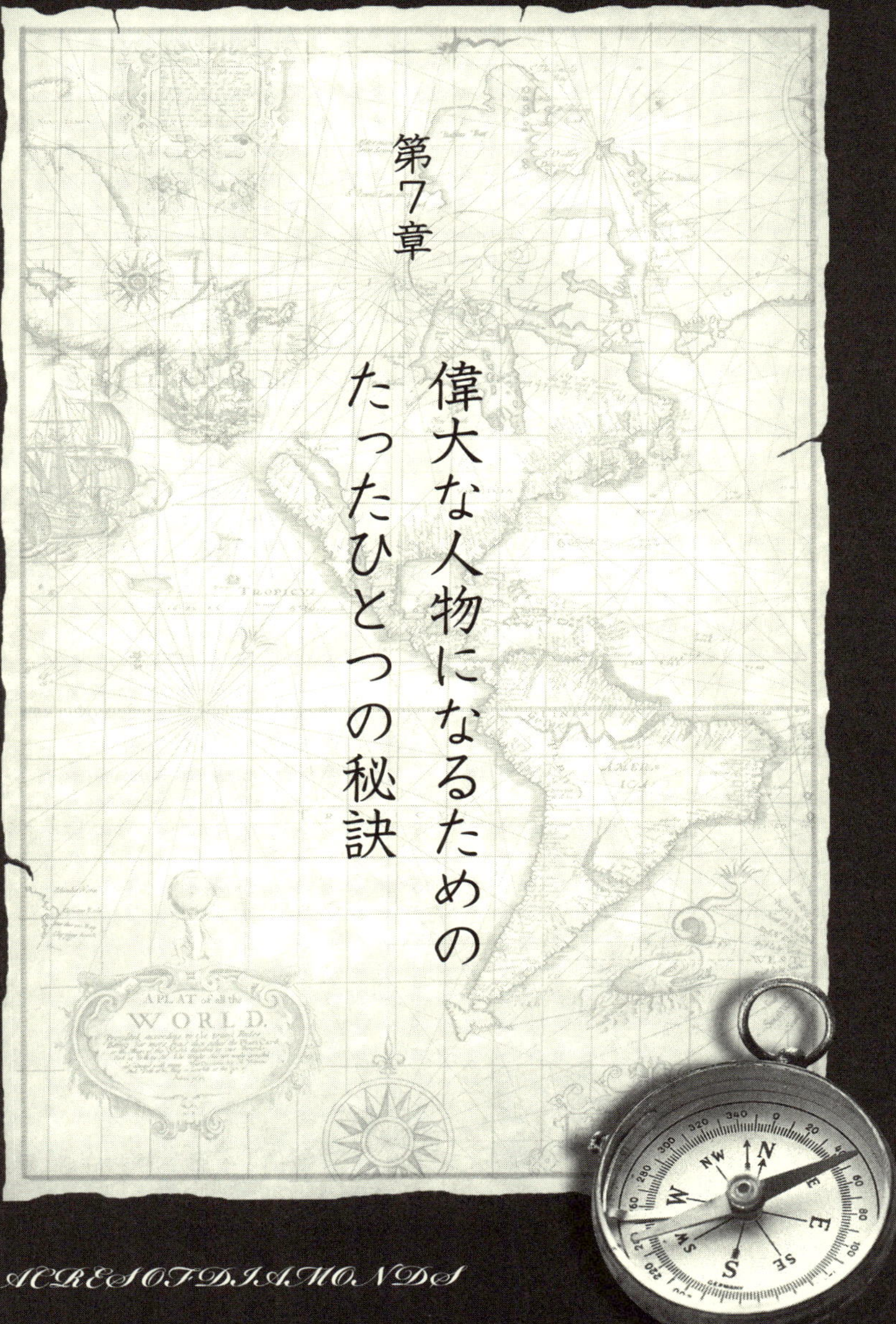

ACRES OF DIAMONDS

以前、何かの新聞で「女性は何も発明していない」という記事を読んだことがあります。だとすれば、その新聞社は一から出直さなければならなくなります。誤解のないように言っておきますが、「女性はゴシップを発明したじゃないか」と主張しているわけではありませんよ。あくまで機械の発明のことです。ゴシップのことを言うなら、男性も含めるべきでしょうしね。

女性が何も発明していなかったら、その新聞は存在すらできなかったのです。

皆さん、お考えになってください。特に女性の皆さんです。

女性は洗濯をしたり、ミシンを使ったり、機織の仕事をしたりするのが仕事で、金儲けしている暇などないとおっしゃる。そうではありません。ある絶対確実な方法に従えば、女性も大金持ちになれるのです。

女性が何も発明していないというのなら、皆さんにお聞きしたい。

皆さんが今着ておられる服を織ったジャカード織機を発明した人をご存知ですか？　フランスのジョゼフ・マリー・ジャカールという女性です。

印刷機のローラーや印刷機を発明したのは農家の婦人です。

綿繰り機を発明してわが国をこんなに豊かな国にしてくれたのは誰でしょうか？　グリーン将軍の奥さんです。彼女が綿繰り機のアイデアを考えつき、そのアイデアをエリ・ホイットニーに話しました。するとホイットニーは、男なら誰でもやるように、そのアイデアを盗んだのです。

ミシンを発明したのは誰でしょう？　明日学校に行って子どもたちに聞けば、男のエライアス・ハウだと答えるでしょう。

エライアス・ハウは私と南北戦争で一緒でした。私のテントによく来ては、ミシンを完成させるのに14年かかったと話していました。ところが実際のところは、このままでは食べていけないと考えた彼の妻が一念発起して、わずか2時間でミシンを発明したのです。もちろん、特許はハウの名前で取りました。男はいつもそうです。

芝刈り機や自動刈り取り機を発明したのは誰でしょう？　自動刈り取り機の発明者とされるサイラス・マコーミックが出版した本で明かしたことですが、実際の発明者はウェストバージニアの女性だそうです。

マコーミック氏は父親とともに自動刈り取り機を作ろうとしたのですが、うまくいかず、あきらめていました。そこにこの女性が登場し、複数の大ばさみを板に並べて、はさみの片方だけを板に釘づけしました。そしてもう一方の刃を針金でつないだのです。そうすることによって、針金を一方に引っ張れば刃が閉じ、別の方向に引っ張れば開くようにしたのです。芝刈り機の原理もそこから得ています。芝刈り機をご覧になれば、大きな刃がたくさん集まっているだけだとお分かりになるはずです。

女性が芝刈り機を発明し、女性がジャカード織機や綿繰り機を発明したのです。トロリーバスの方向切り替えスイッチも女性が発明し、トロリーバスの走行を可能にしました。カーネギーホールで知られる鉄鋼王アンドリュー・カーネギーが言うように、女性が鉄鋼の加工機械を発明し、数百万ドルを生むアメリカの鉄鋼産業の基礎を築くことができたのであれば、「われわれ男たち」だって何でも発明できるはずです。こう言うのも、男どもに活を入れたいがためです。

偉大な発明家はあなたのすぐ隣にいる

皆さん、考えてみてください。偉大な発明家というのはいったいどこにいるのでしょう？

繰り返します。偉大な発明家はあなたの隣に座っています。あるいはあなた自身がそうかもしれません。でも皆さんはこう言うでしょう。

「私は生まれてこのかた発明をしたことなんかないぞ」

偉大な発明家も、発明のコツをつかむまではそうだったのです。皆さんは、彼らが巨大な頭脳や、稲妻のようなひらめきの持ち主だと思っていませんか？　それは大間違いです。

本当に偉大な人というのは平凡で誠実で、どこにでもいる常識的な人です。何かしら発明する前は、とても偉大な発明家には見えないような人なのです。近所の人も偉い人だなんて思っていません。裏の塀から覗いたって、偉そうな雰囲気はまったくありません。近所に偉い人がいるなんて誰も思いもしないし、そういう人はどこかはるか遠いところにいるものだと皆思っています。

偉大な隣人はいつも地味で平凡だし、真面目で現実的なので、隣人や友人は偉い人物だとはとても思わないものです。

本当に偉大なものはなかなか気づかれない。嘘ではありません。嘘だと思う人は、偉大な人物について何も分かっていないのです。

私は、第20代大統領になったガーフィールド将軍の伝記を書くために、本人に会いに行ったことがあります。彼の家の玄関の前には人が大勢集まっていたものですから、私が急いでいることを知った隣の人が気を使って、将軍の家の裏口に私を連れて行って「ジム、おーい、ジム！」と叫びました。すると「ジム」はすぐにドアのところに出てきて、私を招き入れてくれ、おかげでこの国の最高位に上りつめた人物の伝記を書くことができました。その偉大な人物も隣人にとっては、昔のままのただの「ジム」なのです。あなたがフィラデルフィアの有名人のひとりを知っていて、明日会ったとしても「やあ、サム」とか「おはよう、ジム」と言うでしょう。そんなものなのです。

南北戦争のとき、私の部下が銃殺刑を宣告され、私はワシントンのホワイトハウスに出向きました。生まれて初めて大統領に会うために。

待合室に入り、多くの人たちと一緒に椅子に座って待っていると、秘書が順番に要件を聞いて回ります。全部聞き終わると秘書は大統領の部屋に入り、また戻ってきて、私を手招きしました。私が控え室に入ると、秘書がこう言いました。

「そちらが大統領の執務室のドアです。ノックをしてお入りください」

あれほど茫然としたことは、皆さん、私は生涯を通じてありません。

さらに驚いたことに、秘書はそれだけ言うと、さっさと出て行ってしまったのです。私はひとりでとり残され、アメリカ合衆国大統領の執務室のドアの前に立っていました。

私はそこに訪れるまでずっと、砲弾がヒューヒューと音を立てて飛び交う戦場のまっただ中にいました。弾が自分に当たったことさえあります。私は内心ずっと逃げ出したいとも思っていました。

「大砲の口に向かっていくなんて、飯を食うのと同じで大したことはないよ」とおっしゃる人がいますが、気が知れません。自分が撃ち殺されるかもしれないというのに、平気でいる人など、私は信用できません。でも、アンティータムの戦場で砲弾が周囲を飛び交っていたときでさえ、あの日大統領の部屋に入るときほどは緊張しませんでした。

それでも何とか勇気を振り絞り――どうしてできたか今では分かりませんが――腕を伸ばしてドアをノックしました。室内の人物はそんな私の気持ちを知ってか知らずか大きな声で、「どうぞお入りください」と言いました。

私は執務室に入って、椅子に浅く腰かけ、遠くヨーロッパにでも逃げてしまいたい気分でおりましたが、机の前の人物は一向に顔を上げようとしません。

この人物は世界中で最も偉大な人物のひとりですが、その成功の秘訣はたったひとつだけです。

会場にいらっしゃる若い皆さん、これからそのたったひとつの秘訣をお教えしますので、ぜひ覚えて帰ってください。それさえ守れば、この町やこの国に大いに役に立つこと、私が命を賭けて請け合います。リンカーンを偉大な人物にした秘訣はたいていの人が実践できる簡単なことです。ではお教えしましょう。

「何であれ、しなければならないことがあるときは、それだけに全身全霊を傾け、それ以外のことには手を出さないこと」。これさえ貫けば、どんな人でも結果として偉大な人生を歩むことができます。

＊富と幸福の教え＊

何をするときにも全力に取り組み、それをやりとげるまではけっして気を抜きません。

そうすれば、まず間違いなく偉大な人物になれるのです。

大統領は机の上の書類を片づけるのに忙しく、私のほうをちらとも見ようとしません。私は椅子に座りながら震えていました。やがてようやく、大統領は目の前の書類をひもで縛ると机の片隅に押しやり、私のほうを見上げました。疲れきった顔に笑みが浮かびました。

「私はとても忙しくて、あなたに差し上げられる時間は数分しかありません。お望みのことをできるだけ手短におっしゃってください」

私は用件を話し始めました。部下の銃殺刑のことについて触れたとたん、大統領はこう言いました。

「その件についてはすべて聞いていますので、それ以上おっしゃる必要はありません。数日前に陸軍長官のスタントンから聞きました。ご心配はいりません。20歳にもならない若者を銃殺するなどという命令書に署名したことはありませんし、これからもありません。ですから、安心してホテルに帰ってお休みください。その若者のお母様にもそうお伝えいただいて結構です」

そう言ってから大統領は「前線の様子はどうですか？」と聞いてきました。

「戦況不利なこともよくございます」

私がそう答えると、大統領はこう言いました。

「大丈夫です。われわれは勝利に向かって進んでいます。光がすぐそこに見えています。

それにしても、アメリカの大統領になろうなどと考えるものではありませんね。私も任期が終わったらほっとすることでしょう。息子のタッドとイリノイ州のスプリングフィールドに行くつもりです。そこに農場をひとつ買ってあるんです。1日に25セントしか稼げない生活に戻らなくちゃいけないかもしれませんが、それでも全然構いません。タッドはラバのつがいの世話をし、私は玉ねぎを育てるつもりです」

それから大統領は私に「あなたは農家のお生まれですか?」と聞きました。私が「はい、マサチューセッツ州のバークシャーヒルズの山の中で育ちました」

――そう答えると、大統領は大きな椅子の隅から足を投げ出して言いました。

「若いときから何度も聞かされているのですが、バークシャーヒルズのような山の中では岩と岩の間に草が生えているので、それを食べるために羊の鼻先をとがらせないといけないそうですね」

大統領はとてもざっくばらんで気取らず、まるでどこにでもいる農夫のように振る舞っていたので、私はすぐにくつろいだ気分になりました。

やがて大統領は別の書類の束を引き寄せると、私のほうを見て「では、これで」と言いました。それを合図に私は立ち上がり、部屋を後にしました。外に出てみても、自分がアメリカ合衆国大統領に面会したという実感がまるでわきませんでした。

それから数日後、私はまだワシントンにいて、大勢の人がホワイトハウスのイーストルームに集まり、リンカーンの棺を取り囲んでいるのを見ていました。

暗殺された彼の顔を見ながら、わずか数日前に会ったこの人物、気取りも飾り気もないこの人物こそ、この国に完全なる自由をもたらすために神が遣わした偉大な人物だったことをひしひしと感じていました。それでも近所の人にはただの

「エイブおじさん」なのです。
葬儀には私も招かれて、棺がスプリングフィールドの墓地に埋葬されるのを見届けました。墓の前にはリンカーンの昔なじみの隣人たちが立っていましたが、彼らにとってはやはりリンカーンはただの「エイブおじさん」であり、それ以外の何者でもなかったのです。

皆さんは、大物気取りでもったいぶって歩き回り、汗水たらして働いている労働者には目もくれない人を見たことがありませんか？　そんな人物を偉大な人だとお思いになりますか？　そんなのは、大きな足で地面にくっついているだけの、膨れ上がった風船玉以外の何ものでもありません。偉いところなんかこれっぽっちもありません。

偉大な男性、偉大な女性とはどういう人のことでしょう？
そのことで思い出したことがあります。ある貧しい男にひと財産をもたらした、ある小さな道具のことです。安全ピンです。

貧乏は大変苦しいものでしたが、そうした苦しい経験があったからこそ、偉大な発明家でも天才でもない彼がその小さなピン、安全ピンと呼ばれるものを発明し、わが国の上流階級にも負けない富を築いたのです。それと似たようなお話を紹介しましょう。

棒付きの消しゴム

マサチューセッツで大工をしている、ある貧しい男の話です。彼は38歳のとき、不幸にも怪我をしてしまい、ほとんど収入がなくなってしまいました。

彼は紙幣に鉛筆で書かれたメモを消す仕事を見つけてきて、その仕事に就きました。

消しゴムで字を消していると、手がとても疲れます。そこで彼はちょっとした工夫をしました。消しゴムのかけらを棒の頭に取りつけてカンナを使うようにして字を消すのです。こうすると作業がとても楽になりました。

ある日、彼の幼い娘がそれを見て言いました。

「すごーい。パパがそれを発明したの?」

彼は後にこう語っています。

「私が棒の頭に消しゴムを取りつけているのを見て、娘がそれは発明(特許)になると言うのです。そのとき初めて私はこれが発明になるのだと思いました」

そして彼はボストンに行き、特許を申請したのです。

頭に消しゴムがついた鉛筆を持っておられる方! 皆さんはその大金持ちになった男に特許料を払っているのです。資本なんか1ペニーだって使っていません。ですから売り上げは全部収入になり、それによって何百万ドルも儲けたのです。

皆さんのなかで、自分の内に秘められた大きな力に気づいている人がどれくらいいるでしょうか？　皆さんの多くは、偉大な人物がどこか遠くにいるものと思い込んでいるのです。

＊富と幸福の教え＊
多くの人は、自分の力をほんの一部しか発揮していません。

自分がすごい人だとは夢にも思わないで、自分の可能性、潜在能力を眠らせたままにしています。

あとは自信をもって、行動を起こすだけです。

第8章

偉業も、富も、成功も。
いつもそこから始まる

ACRES OF DIAMONDS

大急ぎでもうひとつ重要なお話をしておきましょう。皆さんにお尋ねします。「フィラデルフィアに住んでいる人物で、男性でも女性でも、偉大だと思う人を挙げてください」

こんな質問をすると、きっとこうおっしゃるでしょう。「フィラデルフィアには偉大な人物なんていません。そういう人物は、ローマとかサンクトペテルブルグとかロンドンとか別のところにいて、とにかくこの町にはいません」

さて、私の考えのいちばん大事なところに来ました。問題の核心であり、私の最もお伝えしたいところです。フィラデルフィアはこんなにも繁栄しているのに、なぜ偉大な都市になれないのでしょうか？　なぜニューヨークはフィラデルフィアより優れているのでしょうか？

「ニューヨークには港があるから」と人は言います。では、ニューヨーク以外の多くのアメリカの都市がフィラデルフィアよりも進んでいるのはなぜでしょうか？

答えはひとつしかありません。それは、ここフィラデルフィアでは、住民自身が自分の町をおとしめているからです。この世界にひとつだけ、背中を押してあげなければならない都市があるとすれば、それはフィラデルフィアです。

広い道を作ろうと計画すれば、それをけなす。立派な学校を作ろうとすれば、それをけなす。法律をもっとよくしたいと望めば、それもけなす。

町をよくしようと思って提案すると、ことごとくけなされるのです。それが、それだけが、素晴らしい町フィラデルフィアのいけないところなのです。

それ以外はとても住みよい、いい町なのですから、もうそろそろ私たちの町に対する見方を変えて、この町を褒めたたえ、シカゴやニューヨークやセントルイスやサンフランシスコの人たちのように世界に誇ろうではありませんか。

皆がそういう気持ちを持つことさえできれば、フィラデルフィアも他の都市と同じように成功し、偉大な都市になれるはずです。

フィラデルフィアの皆さん、目を覚ましてください。神と人間とを信じ、ここフィラデルフィアにも、ニューヨークやボストンのように、大きなチャンスがあることを信じましょう。**ビジネスであれ何であれ、この地球に役立つあらゆるチャンスがこの町にはあるのです。目の前にかつてないチャンスが転がっているのです。**自分たちの町を褒めたたえましょう。

しかし、あちらのふたりの若者が何か言いたそうにしています。もう時間も遅いので、このふたりで最後にしましょう。ひとりが立ち上がって、こう言っています。

「そのうち私がフィラデルフィア出身の偉大な人物になるつもりですが、これからの話です」

「えっ、そうなんですか？　あなたはいつ偉大な人物になるおつもりですか？」

「選挙で政治家に選ばれてからです」

お若い方、政治学の基礎についてご存じないようですね。わが国のような政治体制においては、政治家になることは全然偉いことではないんですよ。**政治家にも偉い人はいますが、彼らに求められているのは、人民がこうしてほしいと願うことを実行することだけです。この国では人民が主人公であり、人民が人民のために統治をしています。そうである限り、政治家は人民に対する奉仕者でしかありません。**

聖書にも、奉仕者は支配者より偉大にはなれないと書かれています。聖書はこう言っています。

「使者は彼を送りだした者より偉くはなれない」

統治しているのは人民ですし、そうでなければいけません。もしそうなら、政府には人民以上に偉大な人物など必要ありません。アメリカ中の偉大な人間が政治家になってしまったら、10年後にはわが国は専制政治の国になってしまうでしょう。

女性の参政権が実現しつつある今「いつかアメリカ大統領になりたい」と言っている若い女性を私はたくさん知っています。女性も参政権を持つべきだと思いますし、近いうちに持つことになることは間違いありません。私はとにかくそれを邪魔するようなことはしないつもりです。

私自身も政治家になりたくないこともありませんが、女性が政治家になりたいがために選挙権を要求しているのだとしたら、男性に対して言っていることと同じことを女性の皆さんにも言いたいと思います。

1票を投じる権利を得るだけでは、まだ何も達成していません。1票以上の影響力を持たないなら、あなたは何者でもなく、その影響力を誰も感じないまま、それは雲散霧消《うんさんむしょう》してしまうでしょう。

この国は投票によって動いているのではありません。皆さんはそう思っていましたか？　そうではありません。この国は影響力によって動いているのです。

若い女性が政治家になりたいために選挙に出かけるとしたら、大変な誤りを犯していることになります。

もうひとりの若者が立ち上がってこう言います。

「この国からも、この町からも、そのうち偉大な人物が何人も出てくるはずです」

「そうですか。いつでしょう?」

「大きな戦争が起きたときにです。メキシコと何かいざこざが起きたり、イギリスと何かちょっとしたことで戦争になったり、あるいは、日本とか中国とかニュージャージーとか、どこか遠くの国と戦争になったときです。

そうなったらぼくは敵の大砲をものともせず立ち向かいます。銀色に輝く銃剣をなぎ倒し、戦いのまっただ中に飛び込んで、敵の旗を引きずり降ろし、それを持って凱旋します。肩に勲章をたくさんつけて故郷に錦を飾り、国からのご褒美で政府の要職に就き、ぼくは偉大な人物となります」

いいえ、残念ながらそうはなりません。政府の高官になることが偉大になることではないからです。**政府の高官になる前に偉大でなければ、政府の高官になっても偉大にはなれません。**ただの茶番劇になるのが落ちです。

＊富と幸福の教え＊
地位を得る前に偉大になれないような人は、地位を得たとしても偉大にはなれないでしょう。

アメリカとスペインが戦った米西戦争の後、私たちはフィラデルフィアで平和記念祭典を開きました。西部の人たちは「フィラデルフィアの連中が米西戦争のことを知るのは今から50年後のことだよ」などと言って、そのことを信じてくれませんが。

ブロードストリートで行われたパレードを見た方もおられると思います。私は折悪しく町を離れていて行けなかったのですが、家族がその様子を手紙で知らせてくれました。

戦争で活躍し、国民的英雄となったホブソン中尉が乗った大型馬車が、ちょうどわが家の玄関の前で止まり、集まった人びとが「ホブソン中尉、万歳！」と叫んだそうです。

もし、私がそこにいれば、同じように叫んだでしょう。ホブソン中尉の功績を考えれば、その程度の称賛では足りないくらいです。

でも、私がどこかの学校に行って「メリマック号を沈めてサンチャゴ湾を封鎖したのは誰ですか？」と聞いたとします。男の子たちが「ホブソンだよ」と答えたとしたら、8分の1しか正解ではありません。その船には他にも7人の英雄が乗っていたからです。

その7人は階級が下なので、スペイン軍の砲火にずっとさらされていました。ホブソン中尉は将校ですから、比較的安全な場所にいたはずです。

ここにお集まりの皆さんは高い教養をお持ちのはずです。それでも、おそらく、その7人の名前を言える方はひとりもいないでしょう。

本当は、歴史をこのように教えるべきではありません。どんなに社会的な地位が低くとも、自分の任務を全うしている人は、王座に就いている王と同じように、アメリカ国民の尊敬と称賛を受けるべきなのです。

しかし実際にはそうは教えていません。どこのどの戦争でも、将軍たちだけが戦っているかのように教えているのです。

＊富と幸福の教え＊

偉大さというものは、地位や身分は関係ありません。少ない元手で大きな行為を成し遂げることに偉大さはあるのです。何の地位も持たない人が、大きな成果を出すこと、そこに偉大さがあるのです。

南北戦争の後で、南軍の総司令官だったロバート・リー将軍に会ったことがあります。将軍は、敬虔なクリスチャンであり、今では南部、北部を問わずアメリカの英雄として尊敬を集めています。

将軍は私に、ラスタスという自分の部下の話をしてくれました。彼は黒人の志願兵でした。ある日、将軍はラスタスを呼んで、冗談めかして聞きました。

「ラスタス、お前のいた部隊は全滅したと聞いているが、なぜお前だけ生き残ったのだ？」

すると、ラスタスはウィンクしながらこう答えたそうです。

「戦いの間中、将軍たちと一緒に後ろに下がっていたからです」

もうひとつ実例があります。その話は実はしたくなかったのですが、皆さん方が図書館に行ってこの講演の記録をお読みになれば、25年間ずっと私がこの話をしていることが分かってしまうでしょうから、そうもいきません。

目を閉じると――ぎゅっとです。すると、なんとまあ、私の若い頃の顔がいくつも浮かんできます。そして若い頃の私は私に向かってこう言います。

「お前の髪は白くなってないし、昼夜の別なく休まず働いている。お前はまだ年寄りなどではない」

ところが、目を閉じると、愛する人や、ずいぶん前に亡くなった人の顔も次々と頭をよぎります。ですから、人が何と言おうと、自分はもう晩年に差しかかっているのだと実感します。

今実際に目を閉じてみると、マサチューセッツの生まれ故郷がまぶたに浮かびます。

そして、山の上で牛の品評会が開かれているのが見えます。馬小屋も見えます。教会も見えます。町役場や、登山者のための山小屋も見えます。町の人が大勢きらびやかに着飾って集まっています。旗がはためき、ハンカチが振られ、バンドが演奏しているのが聞こえます。

再入隊した兵隊の一団が品評会の会場を行進しています。私はまだほんの若造でしたが、その中隊の隊長をしていて、誇らしげに胸を張っています。

それは、私には空前絶後の大イベントのように思えました。**もしあなた方が王侯になった気分を味わいたいと思われるなら、一度こうした町長の歓待を受けてみること**

です。

バンドが演奏を続け、人びとが私たち軍隊を迎えに集まってきました。私は部隊の指揮官であることを誇りに思いながら広場を行進し、町役場へと入って行きました。

係員は兵隊を中央の通路に座らせ、その先頭に私が座りました。大勢の人が――100人から200人はいたでしょうか――町役場に入ってきて、私たちの周りに立ちました。それから町役場の人たちがひな壇に上がって半円状に並びました。その真ん中に町長がいます。

町長は壇上の椅子に座ると、度の強い眼鏡をいじりながら、あたりを見回しました。そしてふいに最前列に座っている私に目をとめました。立ち上がって舞台の前まで来ると、上に上がって町役場の人たちと一緒に座るように言いました。

私が戦争に行く前は、私に注意を払うお役人といえば、私を鞭で打って懲らしめるよう教師に勧める役人くらいのものでした。それが今や、町役場の人たちと一緒に演壇に並ぶよう勧められているのです。何とまあ！ 当時は町長といえば、皇帝や王様のような存在でした。私が壇上に上がると、町役場の人たちは椅子を勧めてくれました。正直な気持ち、そこからは私の座っていた最前列の席がはるか遠くに思えました。

私が席に着くと、行政委員長が立ち上がって演台へと進みました。誰もが、町でただひとりスピーチが上手な教会の牧師が紹介されて、帰還した兵士たちに式辞を読むものとばかり思っていました。ところが、皆さん、驚きが聴衆の間を駆け抜けました。

なんと委員長その人がスピーチしようとしているではありませんか。彼はこれまで一度もスピーチをしたことがありませんでした。そして、他の誰もが犯す同じミスを犯していました。

私はいつも不思議に思うのですが、なぜ人は若いうちにスピーチの練習をしようとしないのでしょうか？　大人になってからスピーチ上手になりたいのであればそうすべきなのです。ところが皆、政治家になりさえすればスピーチが上手になるとでも思い込んでいるようです。

委員長はひな壇の前のほうに出てきました。手には、自分の牧場の中を行ったり来たりして覚えたであろうスピーチ原稿を持っています。家畜たちはさぞかし目を白黒させたことでしょう。

委員長は、演台の上に原稿を広げると、眼鏡を直し、身をかがめてしばらく原稿を眺め、後ろにいったん下がったかと思うと、またぎくしゃくと前に出てきました。

考えてみるに、ずいぶんと準備をしてきたのでしょう。というのも、いかにも「演説上手」といったふうを装っていたからです。左のかかとに体重をかけ、肩を引いて胸をそらし、右足をやや前に出して発声器官を開き、右足を45度前に出しました。そんなふうに「演説上手」のふりをしながら、スピーチは進められていったのです。

「大げさに話しているのだろう」とおっしゃる方もいるでしょう。信じられないのも無理はありません。でも、私は講演をするためにここに来ているのであって、作り話をしに来ているのではありません。本当にこんな様子だったのです。

「町民の皆さん……」——第一声を発するやいなや、彼の指が、そして膝がぶるぶると震え始め、しまいには何もかもが震え始めました。喉を詰まらせ、息を呑み込むと、演台まで行って原稿を見ました。それから、勇気を奮い起すように手をぎゅっと握りしめながら、元のところに戻ってきました。

「町民の皆さん、私たちは町民の皆さんでして、わ……わ……私……私は……私たちは……私たちはとてもうれしく……うれしく……うれしいです。勇敢に戦い……血を……流した勇士たちが、こうして……生まれ故郷のこの……この町に、も……戻ってきたことを……再び戻ってきたのを迎えられることを……とてもうれしく……思います。

私たちはとり……とり……とりわけ……です。わ……私たちはとりわけ、今日この若き英雄に（私のことです）お会いできるのを光栄に思います。この若き英雄は、私が想像するに……（皆さん、委員長は「想像するに」と言いました。そうでなければ、ナルシストでもない私は、これから委員長が言うことをとても口に出せません）……私が想像するに、自軍を率い……率いて……率いたのです。…自軍を率いて、……命がけで突破口を開いた様子が……目に浮かびます。彼の光る……きらり……きらりと……きらりと光る剣が………閃くのが見えます。剣先が陽の……光に閃いた瞬間、兵士たちに向かって『ついて来い！』と号令したのです」

いやはや、どうにもこうにも。この善良な人物は戦争についてまるで何も分かっていません。少しでも分かっていれば、こんなことは言えないはずです。

今日ここにいらっしゃる元軍人の皆さんならお分かりのはずです。危険な状況において、指揮官が兵士よりも先に行くなどというのは、犯罪的とも言える無分別な行為なのです。「剣先が陽の光に閃いた瞬間、兵士たちに向かって『ついて来い！』と号令した」ですって！

私は絶対にそのようなことはしていません。自分たちの軍の最前線に出て、前からは敵に、後ろからは味方に撃たれかねないようなまねを私がするとお思いですか？　そんなところに立つ指揮官などいません。実際の戦いで指揮官がいるべき場所は隊列の後ろなのです。

私は参謀将校として、何度も前線へ赴きました。あるとき突然、「敵軍来襲！」との号令が発せられ、森の中から南軍の兵士たちのときの声が上がりました。すかさず私は「将校は下がれ！　将校は下がれ！」と叫びました。その声を聞くと全ての将校は隊列の後ろに回り、上級の将校はさらにその後ろにつきました。将校たちに勇気がないからなどではなく、それが戦争における鉄則なのです。

それなのに、あの善良な人物は「剣の閃きとともに……云々《うんぬん》」などと言うのです。町役場の歓迎会場には私の部下の兵士たちもいました。彼らはカロライナの川を渡るとき、私の足が濡れないように担いで運んでくれました。食料のブタやニワトリを手に入れるために遠くまで行ってくれた者もいました。テネシーの山の中、砲弾が飛び交う松の木の下で死んでいった者もいました。

それなのに、あの善良な人物はスピーチで、彼らのことにはほとんど触れません。触れたとしても、非常にまれなことです。

彼にとって、英雄はこの若き指揮者だけなのです。その英雄がどれほど国のためになったというのでしょう。何もありません。そのときも今も。それなのになぜ英雄なのでしょう?

演説者は誰もが犯す誤ちを犯していたのです。あの若者は将校だから偉く、その部下たちはただの兵士だと考える誤りです。

そのできごとから私はひとつの教訓を得ました。生涯決してそれを忘れないでしょう。

位が高ければ偉いというものではない、お金がわずかしかない中で偉大な行動を取った

り、身分が低くても立派な偉業を成し遂げたりすることが偉いのだと。

偉大な人間になりたいなら、今ここ、この町でもなれるはずです。もっとよい道路や歩道、学校を作ったり、大学を増やしたりして、この町をもっと幸せでもっと豊かな町にすることができる人ならば、どこに行ったとしても偉大になれます。

お集まりの皆さん、私の話をお聞きになるのはこれが最後かもしれませんが、これだけは覚えて帰ってください。**もし偉大な人間になりたいと本気で望むなら、今自分がいる場所で、今のままの自分から始めなければなりません。**

自分の町に貢献できる人、ここに住みながら立派な市民になれる人、幸せな家庭を築ける人、お店や銀行で働いていようが、家事をしていようが、自分の生活している場所に貢献できる人になってください。

誰にせよ偉大になりたければ、まずあなたのいるその場所で偉大にならないといけないのです。

＊富と幸福の教え＊

大切なことは、人の役に立とうとすることです。

つまり、人々のニーズに応えることです。

そして、人々のニーズを知るために必要なのは、目の前のチャンスを見逃さないように常に意識することです。そうすることが真の偉大さを生み、大きな報酬をもたらしてくれます。

「富と幸福」は、あなたの家の裏庭にもきっと眠っています。


あなたのすぐ近くにお金やチャンスはあるのです。

あなたはそのことに気づいていないだけなのです。

あなたの「ダイヤモンドの鉱脈」を、どうぞ見つけてください。

おしまい

付録　富と幸福をつかむ16のキーワード

◆1

別の仕事が見つからないうちは、今の仕事を辞めてはならない。

◆2

一人ひとりの目の前に、ダイヤモンドの鉱脈が存在する。

◆3

チャンスは、今ここに満ちあふれている。

まったく資金を持たない貧乏人でも手の届くところに「宝の山」が存在し、正当な手段で大金持ちになれる。

◆4

お金は悪いものではない。

良いも悪いも、その人の心のあり方によって決まるもの。

◆5　**周囲の人が何を求めているのかを調べてみる。**

それが分かったらそれを売ってどれだけのお金になるのか計算してみる。

◆6　**利益を得ることより、原価より安い値段で売ることのほうが罪深いこと。**

物の価値を下げてはならない。

◆7　**ニーズを知る。**

人々が必要とするものを提供すれば、その人の役に立った分だけのお金を受け取ることができる。

◆8　**何の苦労もせずに手に入れた親の財産相続（大金）は、本人の足かせになる。**

◆9　**お金を儲けるのに必要なのは、資金よりも心のあり方だ。**

大切なのは〝やる気〟と〝目的〟だ。平凡な能力を、大きな目的に向かって最大限に生かせばいい。

◆10 **繁盛店、ヒット商品を出したければ、人々が求めているものを作ること。**

そして、それを求めている人に売る。

◆11 **自分の地元で成功できない人は、どこにいっても成功できない。**

重要なのは「どこに住んでいるか」ではなく、あなた自身が「何をするか」。

◆12 **何をするときも全力で取り組め。**

それをやり遂げるまでは気を抜かない。そうすれば、間違いなく偉大な人物になれる。

◆13 **多くの人は、自分の力をほんの一部しか発揮していない。**

自分がすごい人だとは夢にも思わないで、自分の可能性、潜在能力を眠らせたままにしている。あとは、自信をもって、行動を起こすだけ。

◆14 **地位を得る前に偉大になれない人は、地位を得たとしても偉大にはなれない。**

◆15 **“偉大さ”というものは、地位や身分は関係ない。**

少ない元手で大きな行為を成し遂げることに偉大さはある。何の地位も持たない人が、大きな成果を出すこと、そこに偉大さがある。

◆16 **大切なことは、人々のニーズに応えること。**

そのためには、目の前のチャンスを見逃さないように常に意識すること。そうすることが真の偉大さを生み、大きな報酬をもたらす。

■著者紹介

ラッセル・ハーマン・コンウェル

1843年、マサチューセッツ州に生まれる。ウィルブラハム・アカデミーを卒業後、イェール大学在学中に南北戦争で北軍に従軍。戦後は法律学校に通ったのち弁護士・作家・ジャーナリストとして活躍。その後、牧師となりテンプル大学を創立、初代学長となる。全米各地で6000回以上にわたって講演を行い、評判を呼んだ。1925年没。

■訳者紹介

関岡孝平（せきおか・こうへい）

1952年静岡市生まれ。静岡大学工学部卒業後、大手電気メーカーでコンピュータの開発に携わる。在職中から出版翻訳を手がけ、定年退職後の現在はフリーランサー。訳書に『投資家のヨットはどこにある？』『１日１回のレンジトレード』『富を築く技術――金儲けのための黄金のルール20』『【原典完訳】引き寄せの法則』（いずれもパンローリング社）などがある。

■編集協力

町山和代（まちやま・かずよ）

2013年 9 月 2 日 初版第１刷発行

フェニックスシリーズ ⑭

富《とみ》と幸《こう》福《ふく》の探《さが》し方《かた》

著　者　　ラッセル・ハーマン・コンウェル
訳　者　　関岡孝平
発行者　　後藤康徳
発行所　　パンローリング株式会社
〒 160-0023　東京都新宿区西新宿 7-9-18-6F
TEL 03-5386-7391　FAX 03-5386-7393
http://www.panrolling.com/
E-mail　info@panrolling.com
装　丁　　パンローリング装丁室
印刷·製本　株式会社シナノ

ISBN978-4-7759-4117-1